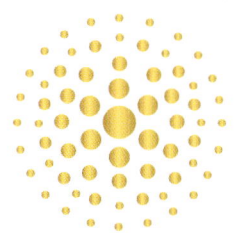

바로보인

전傳 등燈 록錄

12

농선 대원 역저

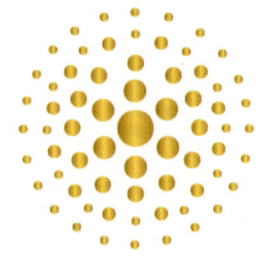

이 원상은 농선 대원 선사님께서 직접 그리신 것으로 모든 불성이 서로 상즉해 공존하는 원리를 담은 것이다.

선 심(禪心)

누리 삼킨 참나를
낙화(落花)로 자각(自覺)
떨어지는 물소리로 웃고 가는 길
돌에서 꽃에서도 님이 맞는다

정맥 선원의 문젠 마크는 농선 대원 선사님께서 마음을 상징하는 달(moon)과 그 마음을 깨달아 마음이 내가 된 삶인 선(zen)을 평화의 상징인 비둘기로 형상화 하신 것이다.

교조 석가모니 부처님과
부처님으로부터 직계로 내려온
불조정맥 78대 조사들의
진영과 전법게

 불조정맥

　　불조정맥이란 석가모니 부처님으로부터 현 78대 조사에 이르기까지 스승에게 깨달음의 인증인 인가를 받아 법을 전하라는 부촉을 받은 전법선사의 맥이다. 여기에 실린 불조진영과 전법게는 농선 대원 선사님께서 다년간 수집 정리하여 기도와 관조 끝에 완성하여 수립하신 것이다. 각 선사의 진영과 함께 실린 전법게는 스승으로부터 직접 전해 받은 게송이다. 단, 석가모니 부처님 진영에 실린 게송은 석가모니 부처님의 게송이다.

교조　석가모니 부처님

환화라고 하는 것 근본 없어 생긴 적도 없어서	幻化無因亦無生
모두가 스스로 이러-해서 본다 함도 이러-하네	皆則自然見如是
모든 법도 스스로 화한 남, 아닌 것이 없어서	諸法無非自化生
환화라 하지만 남이 없어 두려워할 것도 없네	幻化無生無所畏

제1조 마하가섭 존자

법이라는 본래 법엔 법이랄 것 없으나　　法本法無法
법이랄 것 없다는 법, 그 또한 법이라　　無法法亦法
이제 법이랄 것 없음을 전해줌에　　　　今付無法時
법이라는 법인들 그 어찌 법이랴　　　　法法何曾法

제2조 아난다 존자

법이란 법 본래의 법이라　　　　　　　法法本來法
법도 없고 법 아님도 없으니　　　　　 無法無非法
어떻게 온통인 법 가운데　　　　　　　何於一法中
법 있으며 법 아닌 것 있으랴　　　　　有法有非法

제3조 상나화수 존자

본래의 법 전함이 있다 하나　　　　　本來付有法
전한 말에 법이랄 것 없다 했네　　　　付了言無法
각자가 스스로 깨달으라　　　　　　　各各須自悟
깨달으면 법 없음도 없다네　　　　　　悟了無無法

제4조 우바국다 존자

법 아니고 마음도 아니어서　　　　　　非法亦非心
맘이랄 것, 법이랄 것 없나니　　　　　無心亦無法
마음이다, 법이다 설할 때는　　　　　　說是心法時
그 법은 마음법이 아니로다　　　　　　是法非心法

제5조 제다가 존자

마음이란 스스로인 본래의 마음이니　　心自本來心
본래의 마음에는 법 있는 것 아니로다　本心非有法
본래의 마음 있고 법이란 것 있다 하면　有法有本心
마음도 아니요 본래 법도 아니로다　　　非心非本法

제6조 미차가 존자

본래의 마음법을 통달하면	通達本心法
법도 없고, 법 아님도 없도다	無法無非法
깨달으면 깨닫기 전과 같아	悟了同未悟
마음이니, 법이니 할 것 없네	無心亦無法

제7조 바수밀 존자

맘이랄 것 없으면 얻음도 없어서	無心無可得
설함에 법이라 이름할 것도 없네	說得不名法
만약에 맘이라 하면 마음 아님 깨달으면	若了心非心
비로소 마음인 마음법 안다 하리	始解心心法

제8조 불타난제 존자

가없는 마음으로	心同虛空界
가없는 법 보이니	示等虛空法
가없음을 증득하면	證得虛空時
옳고 그른 법이 없다	無是無非法

제9조 복타밀다 존자

허공이 안팎 없듯	虛空無內外
마음법도 그러하다	心法亦如此
허공이치 요달하면	若了虛空故
진여이치 통달하네	是達眞如理

제10조 파율습박(협) 존자

진리란 본래에 이름할 수 없으나	眞理本無名
이름에 의하여 진리를 나타내니	因名顯眞理
받아 얻은 진실한 법이라고 하는 것	受得眞實法
진실도 아니요, 거짓도 아니로세	非眞亦非僞

제11조　부나야사 존자

참된 몸 스스로 이러-히 참다우니	眞體自然眞
참됨을 설함으로 인해 진리란 것 있다 하나	因眞說有理
참답게 참된 법을 깨달아 얻으면	領得眞眞法
베풀 것도 없으며 그칠 것도 없다네	無行亦無止

제12조　아나보리(마명) 존자

미혹과 깨침이란 숨음과 드러남 같다 하나	迷悟如隱顯
밝음과 어둠이 서로가 여읠 수 없는 걸세	明暗不相離
이제 숨음이 드러난 법 부촉한다지만	今付隱顯法
하나도 아니요, 둘도 또한 아니로세	非一亦非二

제13조　가비마라 존자

숨었느니 드러났느니 하지만 본래의 법에는	隱顯卽本法
밝음과 어두움이 원래에 둘 아니라	明暗元不二
깨달아 마친 법을 전한다고 하지만	今付悟了法
취함도 아니요, 여읨도 아니로세	非取亦非離

제14조　나가르주나(용수) 존자

숨을 수도, 드러날 수도 없는 법이라 함	非隱非顯法
이것이 참다운 실제를 말함이니	說是眞實際
숨음이 드러난 법 깨달았다 하나	悟此隱顯法
어리석음도 아니요 지혜로움도 아니로다	非愚亦非智

제15조　가나제바 존자

숨었느니 드러났느니 하면 법에 밝다 하랴	爲明隱顯法
밝게 해탈의 이치를 설하려면	方說解脫理
저 법에 증득한 바도 없는 마음이어야 하니	於法心不證
성낼 것도 없으며 기쁠 것도 없다네	無嗔亦無喜

제16조 라후라타 존자

본래에 법을 전할 사람 대해	本對傳法人
해탈의 진리를 설하나	爲說解脫理
법엔 실로 증득한 바 없어서	於法實無證
마침도 비롯함도 없느니라	無終亦無始

제17조 승가난제 존자

법에는 진실로 증득한 바 없어서	於法實無證
취함도 없으며 여읨도 없느니라	不取亦不離
법에는 있다거나 없다는 상도 없거늘	法非有無相
안이니 밖이니 어떻게 일으키리	內外云何起

제18조 가야사다 존자

맘 바탕엔 본래에 남 없거늘	心地本無生
바탕의 인, 연을 쫓아 일으키나	因地從緣起
연과 종자 서로가 방해 없어	緣種不相妨
꽃과 열매 그 또한 그러하네	華果亦復爾

제19조 구마라다 존자

마음의 바탕에 지닌 종자 있음에	有種有心地
인과 연이 능히 싹 나게 하지만	因緣能發萌
저 연에 서로가 걸림이 없어서	於緣不相礙
마땅히 난다 해도 남이 남 아니로세	當生生不生

제20조 사야다 존자

성품에는 본래에 남 없건만	性上本無生
구하는 사람 대해 설할 뿐	爲對求人說
법에는 얻은 바 없거늘	於法旣無得
어찌 깨닫고, 깨닫지 못함을 둘 것인가	何懷決不決

제21조   바수반두 존자

말 떨어지자마자 무생에 계합하면	言下合無生
저 법계와 성품이 함께 하리니	同於法界性
만일 능히 이와 같이 깨친다면	若能如是解
궁극의 이변 사변 통달하리	通達事理竟

제22조   마노라 존자

물거품과 환 같아 걸릴 것도 없거늘	泡幻同無礙
어찌하여 깨달아 마치지 못했다 하는가	如何不了悟
그 가운데 있는 법을 통달하면	達法在其中
지금도 아니요, 옛 또한 아니니라	非今亦非古

제23조   학륵나 존자

마음이 만 경계를 따라서 구르나	心隨萬境轉
구르는 곳마다 실로 능히 그윽함에	轉處實能幽
성품을 깨달아서 흐름을 따르면	隨流認得性
기쁠 것도 없으며 근심할 것도 없네	無喜亦無憂

제24조   사자보리 존자

마음의 성품을 깨달음에	認得心性時
사의할 수 없다고 말하나니	可說不思議
깨달아 마쳐서는 얻음 없어	了了無可得
깨달아선 깨달았다 할 것 없네	得時不說知

제25조   바사사다 존자

깨달음의 지혜를 바르게 설할 때에	正說知見時
깨달음의 지혜란 이 마음에 갖춘 바라	知見俱是心
지금의 마음이 곧 깨달음의 지혜요	當心卽知見
깨달음의 지혜가 곧 지금의 함일세	知見卽于今

제26조　불여밀다 존자

성인이 말하는 지견은	聖人說知見
경계를 맞아서 시비 없네	當境無是非
나 이제 참성품 깨달음에	我今悟眞性
도랄 것도, 이치랄 것도 없네	無道亦無理

제27조　반야다라 존자

맘 바탕에 참성품 갖췄으나	眞性心地藏
머리도, 꼬리도 없으니	無頭亦無尾
인연 응해 만물을 교화함을	應緣而化物
지혜라고 하는 것도 방편일세	方便呼爲智

제28조　보리달마 존자

마음에서 모든 종자 냄이여	心地生諸種
일(事)로 인해 다시 이치 나느니라	因事復生理
두렷이 보리과가 원만하니	果滿菩提圓
세계를 일으키는 꽃 피우리	華開世界起

제29조　신광 혜가 대사

내가 본래 이 땅에 온 것은	吾本來此土
법을 전해 중생을 구함일세	傳法救迷情
한 송이에 다섯 꽃잎 피리니	一花開五葉
열매 맺음 자연히 이뤄지리	結果自然成

제30조　감지 승찬 대사

본래의 바탕에 연 있으면	本來緣有地
바탕의 인에서 종자 나서 꽃핀다 하나	因地種華生
본래엔 종자가 있은 적도 없어서	本來無有種
꽃핀 적도 없으며 난 적도 없다네	華亦不曾生

제31조 　대의 도신 대사

꽃과 종자 바탕으로 인하니	華種雖因地
바탕을 쫓아서 종자와 꽃을 내나	從地種華生
만약에 사람이 종자 내림 없으면	若無人下種
남 없어 바탕에 꽃핀 적도 없다 하리	華地盡無生

제32조 　대만 홍인 대사

꽃과 종자 성품에서 남이라	華種有生性
바탕으로 인해서 나고 꽃피우니	因地華生生
큰 연과 성품이 일치하면	大緣與性合
그 남은 나도 남 아니로세	當生生不生

제33조 　대감 혜능 대사

정 있어 종자를 내림에	有情來下種
바탕 인해 결과 내어 영위하나	因地果還生
정이랄 것도 없고 종자랄 것도 없어서	無情旣無種
만물의 근원인 도의 성품엔 또한 남도 없네	無性亦無生

제34조 　남악 회양 전법선사

마음의 바탕에 모든 종자 머금어져	心地含諸種
널리 비 내림에 모두 다 싹트도다	普雨悉皆生
단박에 깨달아 정을 다한 꽃피움에	頓悟華情已
보리의 과위가 스스로 이뤄졌네	菩提果自成

제35조 　마조 도일 전법선사

마음의 바탕에 모든 종자 머금어져	心地含諸種
비와 이슬 만남에 모두 다 싹이 트나	遇澤悉皆萌
삼매의 꽃핌이라 형상이 없거늘	三昧華無相
무엇이 무너지고 무엇이 이뤄지랴	何壞復何成

제36조　백장 회해 전법선사

마음 외에 본래에 다른 법이 없거늘	心外本無法
부촉함이 있다 하면 마음법이 아닐세	有付非心法
원래에 마음법 없음을 깨달은	旣知非法心
이러-한 마음법을 그대에게 부촉하네	如是付心法

제37조　황벽 희운 전법선사

본래에 말로는 부촉할 수 없는 것을	本無言語囑
억지로 마음의 법이라 전함이니	强以心法傳
그대가 원래에 받아 지닌 그 법을	汝旣受持法
마음의 법이라고 다시 어찌 말하랴	心法更何言

제38조　임제 의현 전법선사

마음의 법 있으면 병이 있고	病時心法在
마음의 법 없으면 병도 없네	不病心法無
내 부촉한 마음의 법에는	吾所付心法
마음의 법 있는 것 아니로세	不在心法途

제39조　흥화 존장 전법선사

지극한 도는 간택함이 없으니	至道無揀擇
본래의 마음이라 향하고 등짐이 없느니라	本心無向背
이 같음을 감당해 이으려는가?	便如此承當
봄바람에 곤한 잠을 더하누나	春風增瞌睡

제40조　남원 혜옹 전법선사

대도는 온통 맘에 있다지만	大道全在心
맘에 구함 있으면 그르치네	亦非在心求
그대에게 부촉한 자심의 도에는	付汝自心道
기쁨도 근심도 없느니라	無喜亦無憂

제41조　풍혈 연소 전법선사

나 이제 법 없음을 말하노니　　　我今無法說
말한 바가 모두 다 법 아니라　　　所說皆非法
법 없는 법 지금에 부촉하니　　　今付無法法
이 법에도 머무르지 말아라　　　不可住于法

제42조　수산 성념 전법선사

말한 적도 없어야 참법이니　　　無說是眞法
이 말함은 원래에 말함 없네　　　其說元無說
나 이제 말한 적도 없을 때　　　我今無說時
말함이라 말한들 말함이랴　　　說說何曾說

제43조　분양 선소 전법선사

예로부터 말함 없음 부촉했고　　　自古付無說
지금의 나 또한 말함 없네　　　我今亦無說
다만 이 말함 없는 마음을　　　只此無說心
모든 부처 다 같이 말한 바네　　　諸佛所共說

제44조　자명 초원 전법선사

허공이 형상이 없다 하나　　　虛空無形像
형상도, 허공도 아닐세　　　形像非虛空
내 부촉한 마음의 법이란　　　我所付心法
공도 공한 공이어서 공 아닐세　　　空空空不空

제45조　양기 방회 전법선사

허공이 면목이 없듯이　　　虛空無面目
마음의 상 또한 이와 같네　　　心相亦如然
곧 이렇게 비고 빈 마음을　　　卽此虛空心
높은 중에 높다고 하는 걸세　　　可稱天中天

제46조 백운 수단 전법선사

마음의 본체가 허공같아	心體如虛空
법 또한 허공처럼 두루하네	法亦遍虛空
허공 같은 이치를 증득하면	證得虛空理
법도 아니요, 공한 맘도 아니로세	非法非心空

제47조 오조 법연 전법선사

도에는 나라는 나 원래 없고	道我元無我
도에는 맘이란 맘 원래 없네	道心元無心
오직 이 나라 함도 없는 법으로	唯此無我法
나라 함 없는 맘에 일체하네	相契無我心

제48조 원오 극근 전법선사

참나에는 본래에 맘이랄 것 없으며	眞我本無心
참마음엔 역시나 나랄 것 없으나	眞心亦無我
이러-히 참답게 참마음에 일체되면	契此眞眞心
나를 나라 한들 어찌 거듭된 나겠는가	我我何曾我

제49조 호구 소륭 전법선사

도 얻으면 자재한 마음이고	得道心自在
도 얻지 못하면 근심이라 하나	不得道憂惱
본래의 마음의 도 부촉함에	付汝自心道
기쁨도, 근심도 없느니라	無喜亦無惱

제50조 응암 담화 전법선사

맑던 하늘 구름 덮인 하늘 되고	天晴雲在天
비 오더니 젖어있는 땅일세	雨落濕在地
비밀히 마음을 부촉함이여	秘密付與心
마음법이란 다만 이것일세	心法只這是

제51조   밀암 함걸 전법선사

부처님은 눈으로써 별을 보고	佛用眼觀星
난 귀로써 소리를 들었도다	我用耳聽聲
나의 함이 부처님의 함과 같아	我用與佛用
내 밝음이 그대의 밝음일세	我明汝亦明

제52조   파암 조선 전법선사

부처와 더불어 중생의 보는 것이	佛與衆生見
원래 근본 부처인데 금 그은들 바뀌랴	元本佛隔線
그대에게 부촉한 본연의 마음법에는	付汝自心法
깨닫고 깨닫지 못함도 없느니라	非見非不見

제53조   무준 사범 전법선사

내가 만약 봄이 없다 할 때에	我若不見時
그대 응당 봄이 없이 보아라	汝應不見見
봄에 봄 없어야 본연의 봄이니	見見非自見
본연의 마음이 언제나 드러났네	自心常顯現

제54조   설암 혜랑 전법선사

진리는 곧기가 거문고줄 같다는데	眞理直如絃
어떻게 침묵이나 말로 다시 할 것인가	何默更何言
나 이제 그대에게 공교롭게 부촉하니	我今善付囑
밝힌 마음 본래에 얻음이 없는 걸세	表心本無得

제55조   급암 종신 전법선사

사람에겐 미혹하고 깨달음이 본래 없는데	本無迷悟人
미했느니 깨쳤느니 제 스스로 분별하네	迷悟自家計
젊어서 깨달았다 말이나 한다면	記得少壯時
늙어서까지라도 깨닫지 못할 걸세	而今不覺老

제56조   석옥 청공 전법선사

이 마음이 지극히 광대하여	此心極廣大
허공에 비할 수도 없다네	虛空比不得
이 도는 다만 오직 이러-하니	此道只如是
밖으로 찾음 쉬어 받아 지녔네	受持休外覓

제57조   태고 보우 전법선사

지극히 큰 이것인 이 마음과	至大是此心
지극히 성스러운 이것인 이 법이라	至聖是此法
등불과 등불의 광명처럼 나뉨 없음	燈燈光不差
이 마음 스스로가 통달해 마침일세	了此心自達

제58조   환암 혼수 전법선사

마음 중의 본연의 마음과	心中有自心
법 중의 지극한 법을	法中有至法
내가 지금 부촉한다 하나	我今可付囑
마음법엔 마음법이라 함도 없네	心法無心法

제59조   구곡 각운 전법선사

온통인 도, 마음의 광명이라 할 것도 없으나	一道不心光
과거, 현재, 미래와 시방을 밝힘일세	三際十方明
어떻게 지극히 분명한 이 가운데	何於明白中
밝음과 밝지 않음 있다고 하리오	有明有不明

제60조   벽계 정심 전법선사

나 지금 법 없음을 부촉하고	我無法可付
그대는 무심으로 받는다 하나	汝無心可受
전함 없고 받음 없는 맘이라면	無付無受心
누구라도 성취하지 못했다 하랴	何人不成就

제61조　벽송 지엄 전법선사

마음이 곧 깨달음의 마음이요　　　心卽能知心
법이 곧 깨달음의 법이라　　　　　法卽可知法
마음법을 마음법이라 전한다면　　法心付法心
마음도, 법도 아닐세　　　　　　　非心亦非法

제62조　부용 영관 전법선사

조사와 조사가 법 없음을 부촉한다 하나　祖祖無法付
사람과 사람마다 본래 스스로 지님일세　　人人本自有
그대는 부촉함도 없는 법을 받아서　　　　汝受無付法
긴요히 뒷날에 전하도록 하여라　　　　　急着傳於後

제63조　청허 휴정 전법선사

참성품은 본래에 성품이라 할 것 없고　　眞性本無性
참법은 본래에 법이라 할 것 없네　　　　眞法本無法
법이니 성품이니 할 것 없음 깨달으면　　了知無法性
어떠한 곳엔들 통달하지 못하랴　　　　　何處不通達

제64조　편양 언기 전법선사

법도 아니고 법 아님도 아니고　　　　　非法非非法
성품도 아니고 성품 아님도 아니며　　　非性非非性
마음도 아니고 마음 아님도 아님이　　　非心非非心
그대에게 부촉하는 궁극의 마음법일세　付汝心法竟

제65조　풍담 의심 전법선사

부처님이 전하신 꽃 드신 종지와　師傳拈花宗
내가 미소지어 보인 도리를　　　　示我微笑法
친히 손수 그대에게 분부하니　　　親手分付汝
받들어 지녀 누리에 두루하게 하라　持奉遍塵刹

제66조 월담 설제 전법선사

깨달아선 깨달은 바 없으며	得本無所得
전해서는 전함 또한 없느니라	傳亦無可傳
전함도 없는 법을 부촉함이여	今付無傳法
동서가 온통한 하늘일세	東西共一天

제67조 환성 지안 전법선사

전하거나 받을 법이 없어서	無傳無受法
전하거나 받는다는 맘도 없네	無傳無受心
부촉하나 받은 바 없는 이여	付與無受者
허공의 힘줄마저 뽑아서 끊었도다	掣斷虛空筋

제68조 호암 체정 전법선사

연류에 따른 일단사여	沿流一段事
머리도 꼬리도 필경 없네	竟無頭與尾
사자새끼인 그대에게 부촉하니	付與獅子兒
사자후 천지에 가득케 하라	哨吼滿天地

제69조 청봉 거안 전법선사

서 가리켜 동에 그림이여	指西喚作東
풍악산의 뭇 봉우리로다	楓嶽山衆峰
불조의 이러한 법을	佛祖之此法
너에게 분부하노라	分付今日汝

제70조 율봉 청고 전법선사

머리도 꼬리도 없는 도리	無頭尾道理
오늘 그대에게 전해주니	今日傳授汝
이후로 보림을 잘 하여서	此後善保任
영원히 끊어짐이 없게 하라	永遠無斷絕

제71조 금허 법첨 전법선사

그믐날 근원에 돌아간다 말했으나
법신에 그 어찌 가고 옴이 있으랴
푸른 하늘 해 있고, 못 가운데 연꽃일세
이 법을 분부하니 끊어짐이 없게 하라

晦日豫言爲還元
法身何有去與來
日在靑天池中蓮
此法分付無斷絶

제72조 용암 혜언 전법선사

'연꽃이 나왔다' 하여 보인 큰 도리를
다시 또 뜰 밑 나무 가리켜 보여서
후일의 크고 큰일 그대에게 부촉하니
잘 지녀 보림하여 끊어짐 없게 하라

示出蓮之大道理
復亦指示庭下樹
後日大事與咐囑
保任善持無斷絶

제73조 영월 봉율 전법선사

사느니 죽느니 이 무슨 말들인고
물밭엔 연꽃이고 하늘엔 해일세
가없이 이러-해서 감출 수 없이 드러남
오늘 네게 분부하니 끊어짐이 없게 하라

生也死也是何言
水田蓮花在天日
無邊無藏露如是
今日分付無斷絶

제74조 만화 보선 전법선사

봄산과 뜬구름을 동시에 보아라
중생들의 이익될 바 그 가운데 있느니라
이 가운데 도리를 이제 네게 부촉하니
계승해 끊임없이 번성케 할지어다

春山浮雲觀同時
普益衆生在其中
此中道理今付汝
繼承無斷爲繁盛

제75조 경허 성우 전법선사

하늘의 뜬구름이 누설한 그 도리를
오늘날 선자에게 부촉하여 주노니
철저하게 보림하여 모범을 보임으로
후세에 끊어짐이 없게 할 맘, 지니게나

浮雲漏泄其道理
今日咐囑與禪子
保任徹底示模範
後世無斷爲持心

제76조 만공 월면 전법선사

구름과 달, 산과 계곡이라, 곳곳에서 같음이여	雲月溪山處處同
선가의 나의 제자 수산의 큰 가풍일세	曳山禪子大家風
은근히 무문인을 그대에게 분부하니	慇懃分付無文印
이 기틀의 방편이 활안 중에 있노라	一段機權活眼中

제77조 전강 영신 전법선사

불조도 전한 바 없어서	佛祖未曾傳
나 또한 얻은 바 없음을…	我亦無所得
가을빛 저물어 가는 날에	此日秋色暮
뒷산의 원숭이가 울고 있네	猿嘯在後峰

제78대 농선 대원 전법선사

부처와 조사도 일찍이 전한 것이 아니거늘	佛祖未曾傳
나 또한 어찌 받았다 하며 준다 할 것인가	我亦何受授
이 법이 2천년대에 이르러서	此法二千年
널리 천하 사람을 제도하리라	廣度天下人

부처님으로부터 직계로 내려온 불조정맥 제78대 농선 대원 선사님

농선 대원 전법선사의 3대 서원

오로지 정법만을 깨닫기 서원합니다.
입을 열면 정법만을 설하기 서원합니다.
중생이 다하는 그날까지 교화하기 서원합니다.

성불사 국제정맥선원 대웅전

성불사 국제정맥선원은

농선 대원 선사님께서 주석하시는 곳으로

대원 선사님의 지도하에 비구스님들이

직접 지은 도량이다.

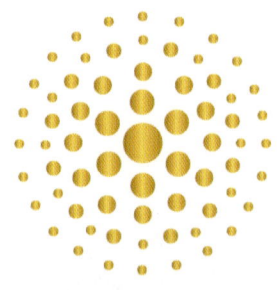

불교 8대 선언문

불교는 자신에게서 영생을 발견하게 한 유일한 종교이다.
불교는 자신에게서 모든 지혜를 발견하게 한 유일한 종교이다.
불교는 자신에게서 모든 능력을 발견하게 한 유일한 종교이다.
불교는 자신에게서 모든 것을 이루게 한 유일한 종교이다.
불교는 자신에게서 극락을 발견하게 한 유일한 종교이다.
불교는 깨달으면 차별 없어 평등하다는 유일한 종교이다.
불교는 모든 억압 없이 자신감을 갖게 한 유일한 종교이다.
불교는 그러므로 온 누리에 영원할 만인의 종교이다.

농선 대원 전법선사 주창

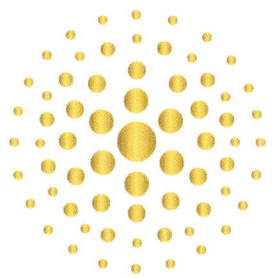

전세계의 불교계에서 통일시켜야 할 일

경전의 말씀대로 32상과 80종호를 갖춘 불상으로 통일해야 한다.

예불 드리는 법을 통일해야 한다.

불공의식을 통일해야 한다.

농선 대원 전법선사 주창

농선 대원 선사의 전등록 발간의 의의

　선문(禪文)이란 말 밖의 말로 마음을 바로 가리켜 깨닫게 하여 그 깨달은 마음 바탕에서 닦아 불지(佛地)에 이르게 하는 문(門)이다. 그러기에 지식이나 알음알이로는 헤아려 알 수 없는 것이어서 깨달아 증득하여 일체종지(一切種智)를 이룬 이가 아니고는 그 요지를 바로 보아 이끌어 줄 수 없다.

　지금 불교의 현실이 대본산 강원조차 이런 안목으로 이끌어 주는 선지식이 없어서 선종(禪宗) 최고의 공안집인 '전등록', '선문염송' 강의가 모두 폐강된 상황이다.
　이에 대원 선사님께서는 불조(佛祖)의 요지가 말이나 글에 떨어져 생사해탈의 길이 단절되는 것을 염려하여 깨달음의 법을 선리(禪理)에 맞게 바로 잡는 역경 작업에 혼신을 다하고 계신다.

　대원 선사님께서는 19세에 선운사 도솔암에서 활연대오한 후, 대선지식과의 법거량에서 한 치의 주저함도 없이 명쾌하게 응대하시니 당시 12대 선지식들께서 탄복해 마지않으셨다. 경봉 선사님과 조계종 지혜제일 전강 선사님과의 문답만을 보더라도 취모검과 같은 대원 선사님의 선지를 엿볼 수 있다.

맨 처음 통도사 경봉 선사님을 찾아뵈었을 때, 마침 늦가을 감나무에서 감을 따고 계신 경봉 선사님을 보자 감나무 주위를 한 번 돌고 서 있으니, 경봉 선사님께서 물으셨다.

"어디서 왔는가?"

"호남에서 왔습니다."

"무엇을 공부했는가?"

"선을 공부했습니다."

"무엇이 선이냐?"

"감이 붉습니다."

"네가 불법을 아는가?"

"알면 불법이 아닙니다."

위의 문답이 있은 후 경봉 선사님께서는 해제 법문을 대원 선사님께 맡기셨으나 대원 선사님께서는 아직 그럴 때가 아니라 여겨져 그 이튿날인 해제일 새벽 직전에 통도사를 떠나와 버리셨다.

또 광주 동광사에서 처음 전강 선사님을 뵈었을 때, 20대 초면의 젊은 승려인 대원 선사님께 전강 선사님께서 대뜸 '달마불식 도리'를 일러보라 하셨다. 대원 선사님께서 아무 말없이 다가가 전강 선사님의 목에 있는 점 위의 털을 뽑아 버리고 종무소로 가니, 전강 선사님께서 "여기 사람 죽이는 놈이 있다."하며 종무소까지 따라오다 방장실로 돌아가셨다.

그 이후 대원 선사님께서 군산 은적사에서 전강 선사님을 시봉하며 모시고 계실 때, 전강 선사님께서 또 물으셨다.
"공적의 영지를 일러라."
"이러-히 스님과 대담합니다."
"영지의 공적을 일러라."
"스님과 대담에 이러-합니다."
"이러-한 경지를 일러라."
"명왕은 어상을 내리지 않고 천하일에 밝습니다."
대원 선사님의 답에 전강 선사님께서는 희색이 만면해서 고개를 끄덕이며 당신 처소로 돌아가셨다.

이에 그치지 않고 전강 선사님께서 대구 동화사 조실로 계실 때, 대원 선사님께 말씀하셨다.
"대중들이 자네를 산으로 불러내어 그 중에 법성(조계종 종정 진제 스님)이 달마불식 도리를 일러보라 했을 때 '드러났다'라고 답했다는데, 만약에 자네가 양무제였다면 '모르오'라고 이르고 있는 달마 대사에게 어떻게 했겠는가?"
"제가 양무제였다면 '성인이라 함도 설 수 없으나 이러-히 짐의 덕화와 함께 어우러짐이 더욱 좋지 않겠습니까?'하며 달마 대사의 손을 잡아 일으켰을 것입니다."
그러자 전강 선사님께서 탄복하며 말씀하셨다.
"어느새 그 경지에 이르렀는가?"

"이르렀다곤들 어찌하며 갖추었다곤들 어찌하며 본래라곤들 어찌하리까? 오직 이러-할 뿐인데 말입니다."

대원 선사님의 대답에 전강 선사님께서 크게 기뻐하셨다.

이와 같이 대원 선사님께서는 20대 초반에 이미 어떤 선지식의 물음에도 전광석화와 같이 답하셨으며 그 법을 씀이 새의 길처럼 흔적 없는 가운데 자유자재하셨다.

깨달음의 방편에 있어서는 육조 대사께서 마주 앉은 자리에서 사람들을 깨닫게 하셨듯이, 제자들을 제접해 직지인심(直指人心)으로 스스로의 마음에 사무쳐 들게 하여 근기에 따라 보림해 갈 수 있도록 이끌어주시니, 꺼져가는 정법의 기치를 바로 일으켜 세움이라 하겠다.

또한 선지식이라면 이변(理邊)에서 뿐만이 아니라 사변(事邊)에서도 먼 안목으로 인류가 무엇을 어떻게 대비하며 살아가야 할지를 예언하고 이끌어 주어야 한다고 하셨다.

그래서 1962년부터 주창하시기를, 전 세계가 21세기를 '사막 경영의 시대'로 삼아 사막화된 지역에 '사막 해수로 사업'을 하여 원하는 지역의 기후를 조절해야 하고, 자원을 소모하는 발전소 대신 파도, 태양열, 풍력 등의 대체 에너지와 무한 원동기를 개발해야 한다고 하셨다. 또, 도로를 발전소화하여 전기를 생산하는 방법 등을 구체적으로 제안하시고, 천재지변을 대비하여 각자의 집에서 농사를 짓는 '울안의 농법'을 연구하시는 등 만인이 더 나은 삶을 살 수 있는 길을 끊임없이 일러 주고 계신다.

  이와 같이 대원 선사님께서는 일체종지를 이룬 지혜로, '참나를 깨달아 마음이 내가 된 삶'을 위한 깨달음의 법으로부터 닥쳐오는 재난을 막고 지구를 가장 살기 좋은 세상으로 만드는 방편까지 늘 그 방향을 제시하고 계신다.

  한편, 불교의 최고 경전인 '화엄경 81권'을 완간하여 불보살님의 불가사의한 화엄세계를 열어 보이셨으며, 선문 최대의 공안집인 '선문염송 30권' 1,463칙에 대하여 석가모니 부처님 이래 최초로 전 공안을 맑은 물 밑바닥 보듯이 회통쳐 출간하셨다.

  이제 대원 선사님께서는 7불과 역대 조사들의 깨달음의 진수가 담긴 '전등록 30권'을 그런 혜안(慧眼)으로 조사마다 선리의 토끼뿔을 더해 닦아 증득할 수 있도록 밝혀 보이셨다. 그리하여 생사윤회길을 헤매는 중생들에게 해탈의 등불이 되고자 하셨으며, 불조(佛祖)의 정법이 후세에까지 끊어지지 않게 하여 부처님 은혜에 보답하고자 하셨다.

  부처님 가신 지 오래 되어 정법은 약하고 삿된 법이 만연한 지금, 중생이 다하는 날까지 중생을 구제하기 서원하는 대원 선사님과 같은 명안종사(明眼宗師)가 계심은 불보살님의 자비광명이 이 땅에 두루한 은덕이라 하겠다.

바로보인 불법 ㊸

전傳등燈록錄

12

도서출판 문젠(구, 바로보인)은 정맥선원에서 운영하고 있습니다.

* 인제산(人濟山) 성불사(成佛寺) 국제정맥선원
  경기도 포천시 내촌면 소리개길 86-178 ☎ 031-531-8805
* 인제산(人濟山) 이문절 포천정맥선원
  경기도 포천시 내촌면 소리개길 86-123 ☎ 031-531-2433
* 백양산(白楊山) 자모사(慈母寺) 부산정맥선원
  부산시 동래구 아시아드대로 114번길 10 대류코리아나 2층 212호 ☎ 051-503-6460
* 자모산(慈母山) 육조사(六祖寺) 청도정맥선원
  경북 청도군 매전면 동산리 산 50 ☎ 010-4543-2460
* 광암산(光巖山) 성도사(成道寺) 광주정맥선원
  광주광역시 광산구 삼도광암길 34 ☎ 062-944-4088
* 대통산(大通山) 대통사(大通寺) 해남정맥선원
  전남 해남군 화산면 송계길 132-98 중정마을 ☎ 061-536-6366

바로보인 불법 ㊸

전 등 록 12

초판 1쇄 펴낸날 단기 4354년, 불기 3048년, 서기 2021년 10월 30일

역   저 농선 대원 선사
펴 낸 곳 도서출판 문젠(Moonzen Press)
         11192, 경기도 포천시 내촌면 소리개길 86-178
         전화 031-534-3373 팩스 031-533-3387
신고번호 2010.11.24. 제2010-000004호

편집윤문출판 법심 최주희, 법운 정숙경
인디자인 전자출판 지일 박한재
한문원문대조 불장 곽병원
표 지 글 씨 춘성 박선옥
인   쇄 북크림

도서출판문젠 www.moonzenpress.com
정 맥 선 원 www.zenparadise.com
사막화방지국제연대(IUPD) www.iupd.org

ⓒ 문재현, 2021. Printed in Seoul, Republic of Korea
값 15,000원
ISBN 978-89-6870-612-7
ISBN 978-89-6870-600-4 04220(전30권)

 서 문

 전등록은 말 없는 말이며 말 밖의 말이라서 학식이나 재치만으로는 번역이 실로 불가능한 일이다. 그러기에 육조단경(六祖壇經)을 보면 법화경을 삼천 번이나 독송한 법달(法達)은 글 한 자 모르시는 육조(六祖)께 경의 뜻을 물었고, 글을 모르시는 육조께서는 법화경의 바른 뜻을 설파하셔서 법달을 깨닫게 하신 것이다.
 그런데 하루는 본인에게 법을 물으러 다니시던 부산의 목원 하상욱 본연님이 오셔서 시중에 나온 전등록 번역본 두세 가지를 보이시며 범인인 당신에게도 부처님과 조사님들의 본래 뜻에 맞지 않는 대문이 군데군데 눈에 뜨인다며 바른 의역의 필요성을 절감한다고 하셨다. 그 후로 전등록 번역을 바로 해주십사 하는 간청이 지극하여 비록 단문하나 이 일을 시작하게 되었다.
 부처님과 조사님들의 근본 뜻에 어긋남이 없게 하기 위해 노력하였으나 약속한 기간 내에 해내기란 실로 벅찬 일이어서 혹시 미비한 점이 없지 않으리니 강호 제현의 좋은 지적이 있기를 바란다.

불법(佛法)이란 본자연(本自然)이라 누가 설(說)하고 누가 듣고 배울 자리요만 그렇지 못한 이가 또한 있어서 부처님과 조사님들의 허물이 생기는 것이다.

어떤 것이 부처인고?
화분의 빨간 장미니라.

이 가운데 남전(南泉) 뜰꽃 도리(道理)며 한산(寒山) 습득(拾得)의 웃음을 누릴진저.

단기(檀紀) 4354년
불기(佛紀) 3048년
서기(西紀) 2021년

무등산인 농선 대원 분향근서
(無等山人 弄禪 大圓 焚香謹書)

양억(楊億)의 경덕전등록 서문

　석가모니께서 일찍이 연등 부처님의 수기를 받아, 현겁(賢劫)의 보처(補處)가 되어 이 땅에 탄강하시고 법을 펴서 교화하시기가 49년이었으니 방편과 진리, 돈오(頓悟)와 점수(漸修)의 문호를 여시고, 헤아릴 수 없이 많은 다양한 교법을 내려 주셨다.
　근기(根機)에 따라 진리를 깨닫게 하신 데서 삼승(三乘)의 차별이 생겼으니, 사물에 접하는 대로 중생을 이롭게 하여 한량없는 중생을 제도하셨다. 그 자비는 넓고 컸으며 그 법식(法式)은 두루 갖추어져 있었다.
　쌍림(雙林)에서 열반에 드실 때 가섭(迦葉)에게만 유촉하신 것이 차츰차츰 전하여 달마에 이르러서 비로소 문자를 세우지 않고 마음의 근원을 곧바로 보이게 되었으니, 차례를 밟지 않고 당장에 부처의 경지에 오르게 되어 다섯 잎[1]이 비로소 무성하고 천 개의 등불[2]이 더욱 찬란하여서, 보배 있는 곳에 이른 이는 더욱 많고, 법의 바퀴를 굴린 이도 하나가 아니었다.
　부처님께서 부촉하신 종지와 정법안장(正法眼藏)이 유통되는 도리는 교리 밖에서 따로 행해지는 불가사의(不可思議)한 것이다.
　태조(太祖)께서 거룩하신 무력으로 전란을 진압하신 뒤에 사찰을 숭상하여 제도의 문을 활짝 여셨고, 태종(太宗)께서 밝으신 변재로 비밀한 법을 찬술하시어 참된 이치를 높이셨으며, 황상(皇上)[3]께서 높으신 학덕으로 조사의 뜻을 이어 거룩한 가르침에 머릿말을 쓰셔 종풍(宗風)을 잇게 하시니, 구름 같은 문장이 진리의 하늘에 빛나고, 부처의 황금같은 설법

---

1) 다섯 잎 : 중국 선종의 2조 혜가로부터 6조 혜능에 이르는 다섯 조사를 말한다.
2) 천 개의 등불 : 중국에 선법(禪法)이 전해진 이후 등장한 수많은 견성도인들을 말한다.
3) 황상(皇上) : 송의 진종(眞宗)을 말한다.

이 깨달음의 동산에 펼쳐졌다.

대장경의 말씀에 비밀히 계합하고, 인도로부터의 법맥이 번창하니, 뭇 선행을 늘리는 이가 더욱 많아졌고, 요의(了義)[4]를 전하는 사람들이 간간이 나타나서 원돈(圓頓)의 교화가 이 지역에 퍼졌다.

이에 동오(東吳)의 승려인 도원(道原)이 선열(禪悅)의 경지에 마음을 모으고, 불법의 진리를 샅샅이 찾으며, 여러 세대의 조사 법맥을 찾고, 제방의 어록(語錄)을 모아 그 근원과 법맥에 차례를 달고, 말씀들을 차례차례 엮되, 과거 7불로부터 대법안(大法眼)의 문도에 이르기까지 무릇 52세대, 1,701인을 수록하여 30권으로 만들어 경덕전등록이라 하여 대궐로 가지고 와서 유포해 주기를 청하였다.

황상께서는 불법을 밖으로부터 보호하고자 하시고, 승려들의 부지런함을 가상히 여겨 마음가짐을 신중히 하고 생각을 원대히 하여 좌사간(左司諫) 지제고(知制誥) 양억(楊億)과 병부원외랑(兵部員外郎) 지제고(知制誥) 이유(李維)와 태상승(太常丞) 왕서(王曙) 등을 불러 교정케 하시니, 신(臣) 등은 우매하여 삼학(三學)[5]의 근본 뜻을 모르고 5성(五性)[6]의 방편에 어두우며, 훌륭한 번역 솜씨도 없고, 비야리 성에서 보인 유마 거사의 묵연(黙然) 도리[7]에도 둔하건만 공손히 지엄하신 하명(下命)을 받들어 감히 끝내 사양하지 못하였다.

그 저술된 내용을 두루 살펴보면 대체로 진공(眞空)[8]으로써 근본을 삼고 있고, 옛 성인께서 도에 들던 인연을 서술할 때나 옛 사람이 진리를 깨달은 이야기를 표현할 때엔 근기와 인연의 계합함이 마치 활쏘기와 칼쓰

---

4) 요의(了義) : 일을 다 마친 도리, 깨달아서 깨달음마저 두지 않는 경지를 말한다.
5) 삼학(三學) : 계(戒), 정(定), 혜(慧).
6) 5성(五性) : 법상종의 용어. 일체중생의 근기를 다섯 성품으로 나누어서 성불할 근기와 성불하지 못할 근기로 나누었다.
7) 유마 거사의 묵연 도리 : 유마 거사가 비야리성에서 그를 문병하러 온 문수보살과 법담을 할 때 잠자코 말이 없음으로 불이(不二)의 도리를 드러내 보인 일을 말한다.
8) 진공(眞空) : 색(色)이니 공(空)이니를 초월해서 누리는 경지.

기가 알맞는 것 같아 지혜가 갖추어진 데서 광명을 내어, 채찍 그림자만 보고도 달리는 말과 같은 상근기자(上根機者)들에게 널리 도움이 되고 있다.

　후학(後學)들을 인도함에는 현묘한 진리를 드날리고 있고, 다른 이야기를 가져올 때에는 출처를 밝히고 있으며, 다듬어지지 않은 부분도 많으나 훌륭한 부분도 찾아볼 수 있었다. 모든 대사들이 대중에게 도리를 보일 때에 한결같은 소리로 펼쳐 보이고 있으니 영특한 이가 귀를 기울여 듣는다면 무수한 성인들이 증명한다 할 것이다. 개괄해서 들추어도 그것이 바탕이어서 한군데만 취해도 그대로가 옳다.

　만일 별달리 더 붓을 댄다면 그 돌아갈 뜻을 잃을 것이다. 중국과 인도에서의 말이 이미 다르지 않은데 자칫하면 구슬에다 무늬를 새기려다 보배에 흠집을 낼 우려가 있기에, 이런 종류는 모두 그대로 두었다. 더욱이 일은 실제로 행한 것만을 취해 기록하여 틀림없이 잘 서술했으나 말이란 오래도록 남아 전해지는 까닭에 전혀 문장을 다듬지 않을 수는 없었다.

　어떤 사연을 기록할 때엔 그 자취를 자세히 하였고 말이 복잡해지거나 이야기가 저속한 것이 있으면 모두 삭제하되 문맥이 통하게 하였다.

　유교(儒敎)의 대신이나 거사(居士)의 문답에 이르러 벼슬자리와 성씨가 드러난 이는 연대와 역사에 비추어 잘못을 밝히고, 사적(史籍)에 따라 틀린 점을 바로잡아 믿을 만한 전기가 되게 하였다.

　만일 바늘을 던져 맞추듯 한 치의 어긋남 없이 도리를 밝히는 일이 아니거나, 번갯불이 치듯 빠른 기틀을 내보이는 일이 아니거나, 묘하게 밝은 참 마음을 보이는 일이 아니거나, 고(苦)와 공(空)의 깊은 이치를 조사(祖師)의 뜻 그대로 기술(記述)하는 일이 아니라면, 어떻게 등불을 전한다는 전등(傳燈)이라는 비유에 계합(契合)하는 그 극진한 공덕을 베풀 수 있었겠는가?

　만일 감응(感應)한 징조만을 서술하거나 참문하고 행각한 자취만을 기록한다 할 것 같으면 이는 이미 승사(僧史)에 밝혀져 있는 것이니, 어째서 선가(禪家)의 말씀을 굳이 취하겠는가? 세대와 계보의 명칭을 남긴 것만이 아니라 스승과 제자가 이어지는 근거를 널리 기록하였다.

그러나 옛날 책에 실린 것을 보면 잘 다듬어지지 않은 내용을 수록하고 잘 다듬어진 것은 버린 일이 있는데, 다른 기록에 남아 있으면 해당하는 문장을 찾아 보완하고, 더욱 널리 찾아서 덧붙이기도 하였다. 또한 서문과 논설에 이르러 혹 옛 조사(祖師)의 문장이 아닌 것이 사이사이 섞이어 공연히 군소리가 되었으면 모두 간추려서 다 깎아버렸으니, 이같이 하여 1년 만에 일이 끝났다.

저희 신(臣)들은 성품과 식견이 우둔하고, 학문이 넓지 못하고, 기틀이 본래 얕고, 문장력은 부족하여 묘한 도리가 사람에게 달렸다고는 하나 마음에서 떠난 지 오래되고 깊은 진리를 나타내는 말이 세속에서 단절되어, 담벽을 마주한 듯 갑갑하게 지낸 적이 많았다. 과분하게도 추천해 주시는 은혜를 받았으나 아무 힘도 발휘하지 못했다. 편찬하는 일이 이미 끝났으므로 이를 임금님께 바친다. 그러나 임금님의 뜻에 맞지 않아, 임금님께서 거룩히 살펴보시는 데에 공연히 누만 끼치는 것이 아닌가 한다. 삼가 바친다.

　　　　　　　　　　　　한림학사조산대부행좌사간지제고동
　　　　　　　　　　　　수국사판사관사주국남양군개국후식읍
　　　　　　　　　　　　1천백호사자금어대신 양억 지음

景德傳燈錄序 昔釋迦文。以受然燈之夙記當賢劫之次補。降神演化四十九年。開權實頓漸之門。垂半滿偏圓之教。隨機悟理。爰有三乘之差。接物利生。乃度無邊之眾。其悲濟廣大矣。其軌式備具矣。而雙林入滅。獨顧於飮光。屈眴相傳。首從於達磨。不立文字直指心源。不踐階梯徑登佛地。逮五葉而始盛。分千燈而益繁。達冥所者蓋多。轉法輪者非一。蓋大雄付囑之旨。正眼流通之道。教外別行不可思議者也。

聖宋啟運人靈幽贊。太祖以神武戡亂。而崇淨刹。闢度門。太宗以欽明禦辯。而述祕詮。暢真諦。皇上睿文繼志而序聖教繹宗風。煥雲章於義天。振金聲於覺苑。蓮藏之言密契。竺乾之緒克昌。殖眾善者滋多。傳了義者間出。圓頓之化流於區域。有東吳僧道原者。冥心禪悅。索隱空宗。披弈世之祖圖。采諸方之語錄。次序其源派。錯綜其辭句。由七佛以至大法眼之嗣。凡五十二世。一千七百一人。成三十卷。目之曰景德傳燈錄。詣闕奉進冀於流布。

皇上爲佛法之外護。嘉釋子之勤業。載懷重慎。思致悠久。乃詔翰林學士左司諫知制誥臣楊億。兵部員外郎知制誥臣李維。太常丞臣王曙等。同加刊削。俾之裁定。臣等昧三學之旨迷五性之方。乏臨川翻譯之能。懵毘邪語默之要。恭承嚴命。不敢牢讓。竊用探索匪遑寧居。考其論譔之意。蓋以真空爲本。將以述曩聖入道之因。標昔人契理之說。機緣交激。若拄於箭鋒。智藏發光。旁資於鞭影。

誘道後學。敷暢玄猷。而捃摭之來。徵引所出。糟粕多在。油素可尋。其有大士。示徒。以一音而開演。含靈聳聽。乃千聖之證明。屬概舉之是資。取少分而斯可。若乃別加潤色失其指歸。既非華竺之殊言。頗近錯雕之傷寶。如此之類悉仍其舊。況又事資紀實。必由於善敘。言以行遠。非可以無文。其有標錄事緣。縷詳軌跡。或辭條之紛糾。或言筌之猥俗。並從刊削。俾之綸貫。

至有儒臣居士之問答。爵位姓氏之著明。校歲歷以愆殊。約史籍而差謬。鹹用刪去。以資傳信。自非啟投針之玄趣。馳激電之迅機。開示妙明之真心。祖述苦空之深理。即何以契傳燈之喻。施刮膜之功。若乃但述感應之徵符。專敘參遊之轍跡。此已標於僧史。亦奚取於禪詮。聊存世系之名。庶紀師承之自然而舊錄所載。或掇粗而遺精。別集具存。當尋文而補闕。率加采撷。爰從附益。逮於序論之作。或非古德之文。問廁編聯徒增楦釀（楦釀二字出唐張燕公文集。謂冗長也）亦用簡別多所屏去。汔茲周歲方遂終篇。臣等性識媿於冥煩。學問慚於涉獵。天機素淺。文力無餘。妙道在人。雖刳心而斯久。玄言絕俗。固牆面以居多。濫膺推擇之私。靡著發揮之效。已克終於紬繹。將仰奉於清間。莫副宸襟空塵睿覽。謹上。

翰林學士朝散大夫行左司諫知制誥同
修國史判史館事柱國南陽郡開國侯食邑
一千百戶賜紫金魚袋臣楊億 撰

승려 희위(希渭)의 경덕전등록 재발간사

호주로(湖州路) 도량산(道場山) 호성만세선사(護聖萬歲禪寺)의 늙은 중 희위(希渭)는 본관이 경원로(慶元路) 창국주(昌國州)이며 성은 동(董)씨다.

어릴 때부터 고향의 성에 있는 관음선사(觀音禪寺)에 가서 절조(絶照) 화상을 스승으로 삼았고, 법명(法名)을 받게 되어 자계현(慈溪縣) 개수(開壽)의 보광선사(普光禪寺)에 가서 용원(龍源) 화상에 의해 머리를 깎고 중이 되었다.

그대로 오대율사(五臺律寺)로 가서 설애(雪涯) 화상에게 구족계를 받은 뒤에 짐을 꾸려 서쪽으로 향해 행각을 떠나 수행을 하다가 나중에 다시 은사이신 용원 화상을 만나 이 산으로 옮겨 왔다.

스승을 따라 배움에 참여하고 이로움을 구한 지 벌써 여러 해가 되었다. 항상 스승의 은혜를 생각하면서도 갚을 기회가 없었다. 그런데 삼가 윗대로부터의 부처와 조사들을 수록한 경덕전등록 30권을 보니 7불로부터 법안(法眼)의 법사(法嗣)에 이르기까지 전부 52세대(世代)인데, 경덕(景德)에서 연우(延祐) 병진년에 이르기까지 317년이나 지나서 옛 판본이 다 썩어버려 남아있지 않기 때문에 후학들이 보고 싶어도 볼 수가 없었다. 이에 발심하여 다시 간행한다.

홀연히 내 고향에 있는 천성선사(天聖禪寺)의 송려(松廬) 화상이 소장하고 있던, 여산(廬山)의 은암(隱庵)에서 찍은 옛 책이 가장 보존이 잘 된 상태로 입수되었는데, 아주 내 마음에 들었다. 마침내 병진(丙辰)년 정월 10일에 의발 등속을 모두 팔아 1만 2천여 냥을 얻었다. 그날 당장에 공인(工人)에게 간행할 것을 명하여 조사의 도리가 세상에 유포되게 하였다. 이 책은 모두 36만 7천 9백 17자이다. 그해 음력 12월 1일에야 공인의 작업이 끝났다.

당장에 300부를 인쇄하여 전당강(錢塘江) 남북지역과 안중(安衆)지역[9]의 여러 명산(名山)의 방장(方丈)[10]과 몽당(蒙堂)[11]과 여러 요사(寮舍)[12]에 한 부씩을 비치케 하여 온 세상의 도를 분변(分辨)하는 참선납자(參禪衲子)들이 참구하기에 편하도록 하였다. 이를 잘 이용하여 사은(四恩)[13]을 갚고 아울러 삼유(三有)의 중생[14]에게도 도움이 되기 바란다.

       대원(大元) 연우(延祐) 3년[15] 음력 12월 1일
       늙은 중 희위(希渭)가 삼가 쓰고
       젊은 비구 문아(文雅)가 간행을 감독하고
       주지 비구 사순(士洵)이 간행하다.

---

9) 두 지역은 희위 스님의 고향인 호주(湖州)와 비교적 인접한 지역들이다.
10) 방장(方丈) : 절의 주지가 거처하는 방. 지금은 견성한 이가 아니더라도 주지를 맡고 있으나 그 당시에는 견성한 도인이라야 그 절의 주지를 맡았다. 따라서 방장에는 대체로 법이 높은 스님이 기거하는 경우가 대부분이었다.
11) 몽당(蒙堂) : 승사(僧寺)의 일에서 물러난 사람이 거처하는 방.
12) 요사(寮舍) : 절에서 대중이 숙식하는 방.
13) 사은(四恩) : 보시(布施), 자애(慈愛), 화도(化導), 공환(共歡)의 네가지 시은(施恩), 또는 부모(父母), 중생(衆生), 국왕(國王), 삼보(三寶)의 네가지 지은(知恩).
14) 삼유(三有)의 중생 : 욕계(慾界), 색계(色界), 무색계(無色界)의 삼계(三界)를 유전하는 미혹한 중생.
15) 서기 1316년.

차 례

서 문 35
양억(楊億)의 경덕전등록 서문 37
승려 희위(希渭)의 경덕전등록 재발간사 42
일러두기 50
12권 법계보 51

남악(南嶽) 회양(懷讓) 선사의 4세 5세 6세 법손(法孫) 59

회양(懷讓) 선사의 제4세
앞의 홍주(洪州) 황벽산(黃檗山) 희운(希運) 선사의 법손 61
    진주(鎭州) 임제(臨濟) 의현(義玄) 선사 61
    진(陳) 존숙(尊宿) 80
    항주(杭洲) 천경산(千頃山) 초남(楚南) 선사 103
    복주(福州) 오석산(烏石山) 영관(靈觀) 선사 109

항주(杭州) 나한원(羅漢院) 종철(宗徹) 선사 114
위부(魏府) 대각(大覺) 선사 118
배휴(裵休) 122

회양(懷讓) 선사의 제5세
앞의 원주(袁州) 앙산(仰山) 혜적(慧寂) 선사의 법손 129
앙산(仰山) 서탑(西塔) 광목(光穆) 선사(제2세 주지) 129
진주(晉州) 곽산(霍山) 경통(景通) 선사 132
항주(杭州) 문희(文喜) 선사 136
신라(新羅) 오관산(五觀山) 순지(順支) 대사 141
앙산(仰山) 남탑(南塔) 광용(光涌) 선사 143
앙산(仰山) 동탑(東塔) 화상 145

앞의 임제(臨濟) 의현(義玄) 선사의 법손 147
관계(灌谿) 지한(志閑) 선사 147
유주(幽州) 담공(譚空) 화상 153
진주(鎭州) 보수(寶壽) 소(沼) 화상(제1세 주지) 156
진주(鎭州) 삼성원(三聖院) 혜연(慧然) 선사 160
위부(魏府) 흥화(興化) 존장(存獎) 선사 164
정주(定州) 선최(善崔) 선사 169
진주(鎭州) 만세(萬歲) 화상 171
운산(雲山) 화상 174
동봉(桐峯) 암주 176
삼양(杉洋) 암주 179

탁주(涿州) 지의(紙衣) 화상　182
　　호계(虎谿) 암주　185
　　복분(覆盆) 암주　189
　　양주(襄州) 역촌(歷村) 화상　192
　　창주(滄州) 미창(米倉) 화상　194

목주(睦州) 진(陳) 존숙(尊宿)의 법손　196
　　목주(睦州) 자사(刺史) 진조(陳操)　196

앞의 향엄(香嚴) 지한(智閑) 선사의 법손　201
　　길주(吉州) 지관(止觀) 화상　201
　　수주(壽州) 소종(紹宗) 선사　203
　　양주(襄州) 연경(延慶) 법단(法端) 대사　205
　　익주(益州) 남선(南禪) 무염(無染) 대사　207
　　익주(益州) 장평산(長平山) 화상　209
　　익주(益州) 숭복(崇福) 연교(演敎) 대사　211
　　안주(安州) 대안산(大安山) 청간(淸幹) 선사　213
　　종남산(終南山) 풍덕사(豊德寺) 화상　215
　　균주(均州) 무당산(武當山) 불암휘(佛巖暉) 선사　217
　　강서(江西) 여산(廬山) 쌍계(雙谿) 전도자(田道者)　219

앞의 복주(福州) 쌍봉(雙峯) 화상의 법손　221
　　쌍봉(雙峯) 고(古) 선사(제2세)　221

앞의 경산(徑山) 제3세 홍인(洪諲) 선사의 법손 225
    홍주(洪州) 미령(米嶺) 화상 225

앞의 양주(揚州) 광효원(光孝院) 혜각(慧覺) 화상의 법손 227
    승주(昇州) 장경(長慶) 도헌(道巘) 선사 227

회양(懷讓) 선사의 제6세
앞의 앙산(仰山) 남탑(南塔) 광용(光涌) 선사의 법손 232
    월주(越州) 청화(淸化) 전부(全付) 선사 232
    영주(郢州) 파초산(芭蕉山) 혜청(慧淸) 선사 239
    소주(韶州) 창락현(昌樂縣) 황련산(黃連山) 의초(義初) 대사 244
    소주(韶州) 혜림(慧林) 홍구(鴻究) 대사 248

앞의 앙산(仰山) 서탑(西塔) 광목(光穆) 선사의 법손 251
    길주(吉州) 자복(資福) 여보(如寶) 선사 251

앞의 관계(灌谿) 지한(志閑) 선사의 법손 257
    지주(池州) 노조산(魯祖山) 교(教) 화상 257

위부(魏府) 흥화(興化) 존장(存獎) 선사의 법손 261
    여주(汝州) 보응(寶應) 화상 261

앞의 보수(寶壽) 소(沼) 화상의 법손 268
    여주(汝州) 서원(西院) 사명(思明) 선사 268

보수(寶壽) 화상(제2세 주지) 273

앞의 삼성(三聖) 혜연(慧然) 선사의 법손 275
　　진주(鎭州) 대비(大悲) 화상 275
　　치주(淄州) 수륙(水陸) 화상 277

앞의 위부(魏府) 대각(大覺) 화상의 법손 279
　　여주(廬州) 대각(大覺) 화상 279
　　여주(廬州) 징심원(澄心院) 민덕(旻德) 화상 281
　　여주(汝州) 남원(南院) 화상 284

색인표 287

부록1 농선 대원 선사님 인가 내력 297
부록2 농선 대원 선사님 법어 305
부록3 21세기에 인류가 해야 할 일 325
부록4 가슴으로 부르는 불심의 노래 329

일러두기

1. 대만에서 펴낸『경덕전등록(景德傳燈錄)』(宋釋道原 編, 新文豐出版公司, 民國 75년, 1986년)에 의거해서 번역했으며 누락된 부분 없이 완역하였다.
2. 농선 대원 선사가 각 선사장마다 선리의 토끼뿔을 더하여 닦아 증득하는 데 도움이 되도록 하였다.
3. 뜻이 통하지 않는데도 오자가 아닐 때는 옛 한문 사전에서 그 조사 당시에 그 글자가 어떻게 쓰였는가를 찾아 번역하였다. 예를 들어 '還'자가 돌아올 '환'으로가 아니라 영위할 '영'으로 쓰여 뜻이 통한 경우에는 '영위하다' '누리다'로 의역하였다.
4. 선사들의 생몰연대는 여러 기록된 내용이 일치하지 않거나 미상으로 되어 있는 바가 많아, 각 선사 당시의 나라와 왕의 연대, 불교의 상황 등을 역사학자들이 전문적으로 연구하여 밝혀야 할 부분이 있기에, 이 책에서는 여러 자료와 연구 결과가 일치된 내용만을 주에서 표기하였다.
5. 첨가한 주의 내용은 불교에 대한 지식이 없는 이들도 선문답을 참구해 가는데 도움이 되도록 간략하게 달았으며, 주의 내용에 따라서는 사전적인 뜻보다는 선리(禪理)로서 그 뜻을 밝혀 마음에 비추어 참구할 수 있도록 하였다.

12권 법계보

남악(南嶽) 회양(懷讓) 선사의 제4세 102인 중 13인

홍주(洪州) 황벽산(黃檗山) 희운(希運) 선사의 법손 13인

- 진주(鎭州) 임제(臨濟) 의현(義玄) 선사
- 목주(睦州) 용흥사(龍興寺) 진 존숙(陳尊宿)
- 항주(杭州) 천경산(千頃山) 초남(楚南) 선사
- 복주(福州) 오석산(烏石山) 영관(靈觀) 선사
- 항주(杭州) 나한원(羅漢院) 종철(宗徹) 선사
- 위부(魏府) 대각(大覺) 선사
- 상국(相國) 배휴(裵休)

  (이상 7인은 본문에 기록되어 있다. 원주)

- 양주(揚州) 육합(六合) 덕원(德元) 선사
- 토문(土門) 찬(讚) 선사
- 양주(襄州) 정(政) 선사
- 오문산(吳門山) 홍선(弘宣) 선사
- 유주(幽州) 초(超) 선사
- 소주(蘇州) 헌(憲) 선사

  (이상 6인은 본문에 기록되어 있지 않다. 원주)

남악(南嶽) 회양(懷讓) 선사의 제5세 51인

12권 법계보

원주(袁州) 앙산(仰山) 혜적(慧寂) 선사의 법손 10인
- 원주(袁州) 앙산(仰山) 서탑(西塔) 광목(光穆) 선사
- 진주(晋州) 곽산(霍山) 경통(景通) 선사
- 항주(杭州) 용천(龍泉) 문희(文喜) 선사
- 신라국(新羅國) 오관산(五觀山) 순지(順支) 대사
- 원주(袁州) 앙산(仰山) 남탑(南塔) 광용(光湧) 선사
- 원주(袁州) 앙산(仰山) 동탑(東塔) 화상

    (이상 6인은 본문에 기록되어 있다. 원주)

- 홍주(洪州) 관음(觀音) 상견(常蠲) 대사
- 복주(福州) 동선(東禪) 혜무(慧茂) 대사
- 복주(福州) 명월산(明月山) 도숭(道崇) 대사
- 처주(處州) 수창(遂昌) 선사

    (이상 4인은 본문에 기록되어 있지 않다. 원주)

진주(鎭州) 임제(臨濟) 의현(義玄) 선사의 법손 21인
- 악주(鄂州) 관계(灌谿) 지한(志閑) 선사
- 유주(幽州) 담공(譚空) 화상
- 진주(鎭州) 보수(寶壽) 소(沼) 화상
- 진주(鎭州) 삼성원(三聖院) 혜연(慧然) 선사
- 위부(魏府) 흥화(興化) 존장(存奬) 선사
- 정주(定州) 선최(善崔) 선사

12권 법계보

- 진주(鎭州) 만세(萬歲) 화상
- 운산(雲山) 화상
- 동봉(桐峯) 암주
- 삼양(杉洋) 암주
- 탁주(涿州) 지의(紙衣) 화상
- 호계(虎谿) 암주
- 복분(覆盆) 암주
- 양주(襄州) 역촌(歷村) 화상
- 창주(滄州) 미창(米倉) 화상
  (이상 15인은 본문에 기록되어 있다. 원주)
- 제옹(齊聳) 대사
- 탁주(涿州) 수(秀) 선사
- 절서(浙西) 선권(善權) 철(徹) 선사
- 금사(金沙) 선사
- 윤성(允誠) 선사
- 신라국(新羅國) 지리산(智異山) 화상
  (이상 6인은 본문에 기록되어 있지 않다. 원주)

목주(睦州) 진 존숙(陳尊宿)의 법손 2인

- 목주(睦州) 자사(刺史) 진조(陳操)
  (이상 1인은 본문에 기록되어 있다. 원주)

12권 법계보

- 목주(睦州) 엄릉(嚴陵) 조대(釣臺) 화상
  (이상 1인은 본문에 기록되어 있지 않다. 원주)

등주(鄧州) 향엄(香嚴) 지한(智閑) 선사의 법손 12인
- 길주(吉州) 지관(止觀) 화상
- 수주(壽州) 소종(紹宗) 선사
- 양주(襄州) 연경(延慶) 법단(法端) 대사(11권에 위산 영우 선사의 법손에 수록되어 있다. 원주)
- 익주(益州) 남선(南禪) 무염(無染) 대사
- 익주(益州) 장평산(長平山) 화상
- 익주(益州) 숭복(崇福) 연교(演敎) 대사
- 안주(安州) 대안산(大安山) 청간(淸幹) 선사
- 종남산(終南山) 풍덕사(豊德寺) 화상
- 균주(均州) 무당산(武當山) 불암휘(佛巖暉) 선사
- 강서(江西) 여산(廬山) 쌍계(雙谿) 전도자(田道者)
  (이상 10인은 본문에 기록되어 있다. 원주)
- 익주(益州) 조각사(照覺寺) 화상
- 목주(睦州) 동선(東禪) 화상
  (이상 2인은 본문에 기록되어 있지 않다. 원주)

복주(福州) 쌍봉(雙峯) 화상의 법손 1인

12권 법계보

- 쌍봉(雙峯) 고(古) 선사
  (이상 1인은 본문에 기록되어 있다. 원주)

항주(杭州) 경산(徑山) 홍인(洪諲) 선사의 법손 4인
- 홍주(洪州) 미령(米嶺) 화상
  (이상 1인은 본문에 기록되어 있다. 원주)
- 여주(廬州) 서현사(棲賢寺) 적(寂) 선사
- 임천(臨川) 의직(義直) 선사
- 항주(杭州) 공신원(功臣院) 영도(令道) 선사
  (이상 3인은 본문에 기록되어 있지 않다. 원주)

양주(揚州) 광효원(光孝院) 혜각(慧覺) 선사의 법손 1인
- 승주(昇州) 장경(長慶) 도헌(道巘) 선사
  (이상 1인은 본문에 기록되어 있다. 원주)

남악(南嶽) 회양(懷讓) 선사의 제6세 19인

원주(袁州) 앙산(仰山) 남탑(南塔) 광용(光涌) 선사의 법손 5인
- 월주(越州) 청화(清化) 전부(全付) 선사
- 영주(郢州) 파초산(芭蕉山) 혜청(慧清) 선사
- 소주(韶州) 창락현(昌樂縣) 황련산(黃連山) 의초(義初) 선사

12권 법계보

- 소주(韶州) 혜림(慧林) 홍구(鴻究) 선사

  (이상 4인은 본문에 기록되어 있다. 원주)

- 홍주(洪州) 황룡산(黃龍山) 충(忠) 화상

  (이상 1인은 본문에 기록되어 있지 않다. 원주)

원주(袁州) 앙산(仰山) 서탑(西塔) 광목(光穆)선사의 법손 1인

- 길주(吉州) 자복(資福) 여보(如寶) 선사

  (이상 1인은 본문에 기록되어 있다. 원주)

관계(灌谿) 지한(志閑) 선사의 법손 1인

- 지주(池州) 노조산(魯祖山) 교(教) 화상

  (이상 1인은 본문에 기록되어 있다. 원주)

위부(魏府) 흥화(興化) 존장(存獎) 선사의 법손 2인

- 여주(汝州) 보응(寶應) 화상

  (기록에 나타났으니 곧 남원옹(南院顒)이다. 원주)

- 위부(魏府) 천발(天鉢) 화상

  (이상 1인은 본문에 기록되어 있지 않다. 원주)

진주(鎭州) 보수(寶壽) 소(沼) 화상의 법손 2인

- 여주(汝州) 서원(西院) 사명(思明) 선사

12권 법계보

- 보수(寶壽) 화상(제2세 주지)
  (이상 2인은 본문에 기록되어 있다. 원주)

탁주(涿州) 지의(紙衣) 화상의 법손 1인
- 진주(鎭州) 담공(譚空) 화상
  (이상 1인은 본문에 기록되어 있지 않다. 원주)

진주(鎭州) 삼성(三聖) 혜연(慧然) 선사의 법손 2인
- 진주(鎭州) 대비(大悲) 화상
- 치주(淄州) 수륙(水陸) 화상
  (이상 2인은 본문에 기록되어 있다. 원주)

위부(魏府) 대각(大覺) 화상의 법손 4인
- 여주(廬州) 대각(大覺) 화상
- 여주(廬州) 징심원(澄心院) 민덕(旻德) 화상
- 여주(汝州) 남원(南院) 화상
  (이상 3인은 본문에 기록되어 있다. 원주)
- 송주(宋州) 법화(法華) 화상
  (이상 1인은 본문에 기록되어 있지 않다. 원주)

금릉(金陵) 도헌(道巘) 선사의 법손 1인

12권 법계보

- 금릉(金陵) 광효원(廣孝院) 처미(處微) 선사
 (이상 1인은 본문에 기록되어 있지 않다. 원주)

남악(南嶽) 회양(懷讓) 선사의
4세 5세 6세 법손(法孫)

회양(懷讓) 선사의 제4세
앞의 홍주(洪州) 황벽산(黃檗山) 희운(希運) 선사의 법손

진주(鎭州) 임제(臨濟) 의현(義玄) 선사

의현 선사[1]는 조주(曹州) 남화(南華) 사람으로 성은 형(邢)씨이다. 어려서부터 세간을 떠날 생각을 품고 있다가 드디어 머리를 깎고 구족계를 받고는 곧 선종(禪宗)을 흠모하게 되었다.

懷讓禪師第四世。前洪州黃檗山希運禪師法嗣。鎭州臨濟義玄禪師。曹州南華人也。姓邢氏。幼負出塵之志。及落髮進具便慕禪宗。

---

1) 의현 선사(? ~ 867).

처음에 황벽에 있으면서 대중을 따라 모시면서 배웠는데, 이때 법당의 제1좌가 황벽에게 가서 한 마디 물어 보라고 권고하자, 대사가 물었다.

"어떤 것이 조사께서 서쪽에서 오신 확연한 뜻입니까?"

그러자 황벽이 바로 때렸다.

이렇게 세 차례를 물어 세 차례를 맞자, 제1좌에게 떠나겠다는 뜻을 밝혔다.

"일찍이 법을 물으라고 권고하시는 말씀에 따랐으나 오직 화상의 몽둥이를 맞았을 뿐입니다. 제가 둔한 것이 한스러울 따름이니 제방으로 행각이나 떠나겠습니다."

제1좌가 황벽에게 가서 고하였다.

"의현이 비록 후생(後生)이나 상당히 기특한 바가 있으니, 하직을 하러 오거든 화상께서 다시 잘 이끌어 주십시오."

이튿날 황벽에게 하직을 아뢰니, 황벽이 대우(大愚)에게로 가라고 지시하였다.

初在黃檗隨眾參侍。時堂中第一座勉令問話。師乃問。如何是祖師西來的的意。黃檗便打。如是三問三遭打。遂告辭第一座云。早承激勸問話。唯蒙和尚賜棒。所恨愚魯。且往諸方行腳去。上座遂告黃檗云。義玄雖是後生。却甚奇特。來辭時願和尚更垂提誘。來日師辭黃檗。黃檗指往大愚。

대사가 대우에게 가서 뵈니, 대우가 물었다.

"어디서 오는가?"

대사가 말하였다.

"황벽에서 왔습니다."

"황벽이 뭐라고 가르쳐 주던가?"

"제가 서쪽에서 오신 확연한 뜻을 직접 물었다가 화상께 매만 맞았습니다. 이렇게 세 번 물어 세 번 다 매만 맞았으니, 무슨 허물이 있는지 모르겠습니다."

대우가 말하였다.

"황벽이 그대를 위한 노파심으로 그렇게 애를 썼는데, 아직도 허물이나 찾고 있구나."

대사가 이 말에 크게 깨닫고 말하였다.

"황벽의 불법이 원래 별것 아니로구나."

대우가 대사의 옷깃을 거머잡고 말하였다.

師遂參大愚。愚問曰。什麼處來。曰黃檗來。愚曰。黃檗有何言教。曰義玄親問西來的的意。蒙和尚便打。如是三問三遭被打。不知過在什麼處。愚曰。黃檗恁麼老婆。為汝得徹困。猶覓過在。師於言下大悟云。元來黃檗佛法無多子。大愚搊住云。

"이 오줌싸개 같은 놈아, 아까는 모르겠다고 하더니 이제는 또 황벽의 불법이 별것 아니라고 하니, 네가 무슨 도리를 보았느냐? 속히 일러라 속히 일러."

대사가 대우의 갈비 밑을 세 번 갈기니, 대우가 놓으면서 말하였다.

"그대의 스승은 황벽이다. 나와는 관계가 없다."

대사가 대우를 하직하고 황벽에게 돌아오니, 황벽이 물었다.

"어찌 이리도 빨리 돌아오는가?"

대사가 말하였다.

"노파심이 너무도 간절해서 곧 사람의 일을 마쳤습니다."

대사가 모시고 서 있으니, 황벽이 말하였다.

"대우가 무슨 말을 하던가?"

대사가 앞서 있었던 일을 이야기하니, 황벽이 말하였다.

"이 놈의 대우 늙은이를 보기만 하면 한 대 갈기리라."

대사가 말하였다.

這尿床鬼子。適來又道不會。如今却道黃檗佛法無多子。你見箇什麼道理。速道速道。師於大愚肋下築三拳。大愚托開云。汝師黃檗。非干我事。師辭大愚却迴黃檗。黃檗云。汝迴太速生。師云。秖為老婆心切便人事了。侍立次黃檗云。大愚有何言句。師遂擧前話。黃檗云。這大愚老漢待見痛與一頓。師云。

"보기를 기다릴 것이 있습니까? 지금 당장 함께 하시지요."
하면서 황벽을 한 대 갈기니, 황벽이 말하였다.
"이 미친놈이 갑자기 와서 이 속의 호랑이 수염을 건드리는구나."
임제가 문득 할을 하니, 황벽이 다시 말하였다.
"시자야, 이 미친놈을 끌어다 부처님께 절을 시켜라."[2]

어느 날 대사가 황벽과 함께 울력으로 밭을 매러 가는데, 대사가 뒤를 따르게 되었다. 황벽이 뒤를 돌아보다 대사가 맨손으로 따르는 것을 보고 말하였다.
"괭이는 어디에 있는가?"
"누군가가 가지고 갔습니다."
"가까이 오라. 너와 의논할 일이 있다."

說什麼待見即今便與隨後便打黃檗一掌。黃檗云。這風顛漢却來這裏捋虎鬚。師便喝。黃檗云。侍者引這風顛漢參堂去(後潙山擧此話問仰山云。臨濟當時得大愚力。得黃檗力。仰山云。非但騎虎頭。亦解把虎尾)。師一日與黃檗赴普請。師在後行。黃檗迴頭見師空手乃問。钁頭在什麼處。師云。有人將去了也。黃檗云。近前來共汝商量箇事。

---

2) 뒤에 위산(潙山)이 이 말을 들어서 앙산(仰山)에게 묻기를 "임제가 그때 대우의 힘을 얻었다 하겠는가, 황벽의 힘을 얻었다 하겠는가?" 하니, 앙산이 대답하기를 "단지 호랑이 머리에 탔을 뿐만 아니라 또한 호랑이 꼬리까지 걸어잡을 줄을 알았다 하겠습니다." 하였다. (원주)

대사가 가까이 가니, 황벽이 괭이를 번쩍 들면서 말하였다.

"나의 이것은 온 세상 사람이 다 들려 해도 들지 못한다."

대사가 얼른 빼앗아서 번쩍 들고 말하였다.

"이것이 어째서 나의 손아귀에 들어왔습니까?"

"오늘 울력은 스스로 하는 이가 있구나. 내 다시는 손도 대지 않겠다."

그리고는 방장실로 돌아갔다.[3]

어느 날 황벽이 차 밭을 매라고 울력을 시켜 놓고 나중에 오니, 대사가 인사를 하고 괭이를 짚고 서 있었다.

"고단하지 않는가?"

"이제 겨우 땅을 파려하는데 어찌 고단하다 말하겠습니까?"

師便近前。黃檗將钁钁地云。我這箇天下人拈掇不起。師就手掣得竪起云。爲什麼却在某甲手裏。黃檗云。今日自有人普請我更不著去也。便歸院(溈山因仰山侍立次。方舉此話未了。仰山便問。钁在黃檗手裏。爲什麼被臨濟奪却。溈山云。賊是小人智過君子)。黃檗一日普請鋤茶園。黃檗後至。師問訊按钁而立。黃檗曰。莫是困耶。曰纔钁地何言困。

---

[3] 위산(溈山)을 앙산(仰山)이 모시고 서 있을 때, 이 이야기를 들어 채 마치기도 전에 앙산이 묻기를 "괭이가 황벽의 손에 있었는데 어찌하여 임제에게 빼앗겼습니까?" 하니, 위산이 말하기를 "도적이 소인이기는 하나 지혜는 군자보다 낫다." 하였다. (원주)

황벽이 주장자를 들어 때리려 하자, 대사가 주장자를 빼앗고 황벽을 밀어서 쓰러뜨리니, 황벽이 소리치며 유나(維那)⁴⁾를 불렀다.
"유나야, 나를 좀 일으켜라."
유나가 일으키면서 말하였다.
"화상께서는 어찌 저런 미친놈의 무례한 짓을 용서하십니까?"
황벽이 도리어 유나를 때렸다. 대사는 스스로 땅을 파면서 말하였다.
"제방에서는 화장(火葬)을 하지만 나는 이 가운데에서 생매장을 하지."⁵⁾

어느 날 대사가 황벽의 승당(僧堂)에서 졸고 있는데, 황벽이 들어와서 보고 주장자로 평상 귀를 세 번 내리쳤다.

黃檗舉拄杖便打。師接杖推倒和尚。黃檗呼維那維那拽起我來。維那扶起曰。和尚爭容得這風顚漢無禮。黃檗却打維那。師自钁地云。諸方卽火葬。我這裏活埋(潙山問仰山。只如黃檗與臨濟。此時意作麼生。仰山云。賊走却。邏羅人喫棒。潙山云。如是如是)。 師一日在黃檗僧堂裏睡。黃檗入來。以拄杖於床邊敲三下。

---

4) 유나(維那) : 절에서 승려의 규율을 맡은 책임자.
5) 위산(潙山)이 앙산(仰山)에게 묻기를 "황벽과 임제의 뜻이 무엇이었겠는가?" 하니, 앙산이 대답하기를 "도적놈은 달아났는데 순라군[도둑을 잡는 이]이 매를 맞았습니다." 하였다. 위산이 말하기를 "그러하고, 그러하다" 하였다. (원주)

대사가 고개를 들어 화상임을 보고 이내 다시 조니, 황벽이 자리를 세 번 내리치고 나갔다.

상간(上間)을 지나다가 수좌(首座)가 좌선하는 것을 보고 황벽이 말하였다.

"하간(下間) 후배는 좌선을 하는데 너는 이 속에서 망상이나 해서 무엇 할 것인가?"

수좌가 말하였다.

"저 노장이 미쳤나?"

황벽이 선판(禪板)[6] 머리를 한 번 치고 곧 나가버렸다.[7]

대사가 황벽과 함께 향나무를 심는데, 황벽이 물었다.

"깊은 산에다 허다하게 많은 나무를 심어서 무엇 하겠는가?"

師舉首見是和尙却睡。黃檗打席三下去。却往上間見首座坐禪乃云。下間後生却坐禪。汝這裏妄想作什麼。首座云。這老漢患風耶。黃檗打板頭一下便出去(潙山舉問仰山。只如黃檗意作麼生。仰山云。兩彩一賽)。師與黃檗栽杉。黃檗曰。深山裏栽許多樹作麼。

---

6) 선판(禪板) : 좌선할 때 피로를 없애기 위해 손이나 몸을 놓는 기구.
7) 위산(潙山)이 앙산(仰山)에게 묻기를 "황벽의 뜻이 무엇이었겠는가?" 하니, 앙산이 대답하기를 "양채(兩彩)로 단번에 승부를 건 것입니다." 하였다. (원주)

대사가 말하였다.

"첫째는 후인들에게 예언을 주려는 것입니다. 둘째는 절문 앞을 표시해 주려는 것입니다."

말을 마치고는 삽으로 땅을 세 번 내리쳤다.

황벽이 말하였다.

"비록 이러하나 그대는 이미 나의 방망이를 맞았다."

대사가 또 삽으로 땅을 세 번 내리치고, "호호."하고 소리를 냈다.

황벽이 말하였다.

"나의 종풍은 그대에 이르러서야 그 예언대로 맞으리라."[8]

師曰。一與後人作古記。二與山門作標牓。道了以钁頭打地三下。黃檗云。雖然如是子已喫我棒了也。師又以钁頭打地三下。作嘘嘘聲。黃檗云。吾宗到汝此記方出(潙山舉問仰山。且道黃檗後語但囑臨濟。為復別有意旨。仰山云。亦囑臨濟亦記向後。潙山云。向後作麼生。仰山云。一人指南吳越令行。南塔和尚注云。獨坐震威此記方出。又云。若遇大風此記亦出。潙山云。如是如是)。

---

8) 위산(潙山)이 앙산(仰山)에게 묻기를 "황벽의 뒷말은 임제에게만 부촉(付囑)한 것인가, 그밖에 다른 뜻이 있는가?"하니, 앙산이 말하기를 "임제에게 부촉한 일이기도 하고 뒷일을 예언한 것이기도 합니다." 하였다. 위산이 다시 묻기를 "뒷일이란 어떤 것인가?"하니, 앙산이 말하기를 "한 사람이 남쪽을 가리키니 오월〔오나라와 월나라〕의 군령이 시행됩니다." 하였다.
남탑(南塔) 화상이 주를 내기를 "홀로 앉아서 위엄을 떨쳐야 그 예언이 맞으리라." 하였고, 또 말하기를 "만일 큰 바람을 만나면 그 예언이 비로소 맞으리라." 하니, 위산이 말하기를 "그렇다. 그렇다." 하였다. (원주)

대사가 하안거(夏安居) 한창 때에 황벽산에 갔다가 황벽이 경을 읽는 것을 보고 말하였다.

　　"나는 이 가운데 사람인 줄 알았더니 원래 검은 콩을 씹는 노장이구나."

　　대사가 며칠 있다가 하직 인사를 하자, 황벽이 말하였다.

　　"그대는 결제를 깨뜨리고 왔다가 여름을 마치지도 않고 가는가?"

　　"저는 잠시 화상께 문안을 왔었습니다."

　　황벽이 때려 쫓아버렸다. 대사가 몇 리 가다가 이 일이 의심이 나서 다시 돌아와서 여름을 마쳤다.

　　어느 날 대사가 황벽에게 하직을 아뢰니, 황벽이 말하였다.

　　"어디로 가려는가?"

　　대사가 말하였다.

　　"하남(河南)이 아니면 하북(河北)으로 가겠습니다."

　　師因半夏上黃檗山。見和尚看經。師曰。我將謂是箇人。元來是唵黑豆老和尚。住數日乃辭去。黃檗曰。汝破夏來不終夏去。曰某甲暫來禮拜和尚。黃檗遂打趂令去。師行數里疑此事却迴終夏。師一日辭黃檗。黃檗曰。什麼處去。曰不是河南即河北去。

황벽이 주장자를 들어 때리자, 대사가 주장자를 잡아서 멈추게 하고 말하였다.

"이 노장아, 눈먼 방망이로 뒷날에 사람을 잘못 때리지 마시오."

황벽이 시자를 불러서 안석(案席)9)과 선판(禪板)을 가져오라 하니, 대사가 말하였다.

"시자야, 불을 가져오너라."

황벽이 말하였다.

"그러지 말고 그대가 가져가라. 이후에는 앉아서 온 세상 사람의 혀끝을 끊으리라."

대사는 곧 떠났다.

대사가 웅이탑(熊耳塔)에 이르니, 탑주(塔主)가 물었다.

"부처님께 먼저 절을 하시겠습니까, 조사께 먼저 절을 하시겠습니까?"

"조사께도 부처님께도 모두 절을 하지 않겠다."

黃檗拈起拄杖便打。師捉住拄杖曰。這老漢莫盲枷瞎棒。已後錯打人。黃檗喚侍者。把將几案禪板來。師曰。侍者把將火來。黃檗曰。不然子但將去。已後坐斷天下人舌頭在。師即便發去。師到熊耳塔頭。塔主問。先禮佛先禮祖。師曰。祖佛俱不禮。

---

9) 안석(案席) : 앉아서 등을 기대는 방석.

탑주가 말하였다.

"조사와 부처님께 무슨 원한이 있기에 모두 절을 하지 않습니까?"

대사가 장삼 자락을 흔들며 가버렸다.[10]

나중에 대사가 고향에 돌아왔다가 조인(趙人)의 청에 따라 고향 마을의 남쪽에 있는 임제선원에 사니 학자들이 분주히 모여들었다. 어느 날 법좌에 올라 말하였다.

"여러분의 붉은 살덩이 위에 하나의 무위진인(無位眞人)이 있어 항상 그대들의 면전(面前)에 출입한다. 만일 알지 못하는 자가 있거든 보는 놈을 보라."

이때 어떤 승려가 물었다.

"어떤 것이 무위진인입니까?"

塔主曰。祖佛與長老有什麼冤家俱不禮。師便拂袖而出(又別擧云。師問塔主。先禮佛先禮祖。塔主曰。祖佛是什麼人弟子。師拂袖便去)。師後還鄉黨。俯徇趙人之請。住於城南臨濟禪苑。學侶奔湊一日上堂曰。汝等諸人。赤肉團上有一無位真人。常向汝諸人面門出入。未證據者看看。時有僧問。如何是無位真人。

---

10) 또 다른 책에 이르기를 "대사가 탑주에게 묻기를 '부처님께 먼저 절을 할까, 조사에게 먼저 절을 할까?' 하니, 탑주가 말하기를 '조사와 부처는 누구의 제자입니까?' 하자, 대사가 소매를 흔들고 떠났다." 하였다. (원주)

대사가 선상(禪床)에서 내려와 그를 거머쥐고 말하였다.

"말해 봐라, 말해 봐라."

그 승려가 이것저것 헤아려 생각하니, 대사가 잡았던 손을 놓으며 말하였다.

"무위진인이라니, 이 무슨 똥막대기인가?"

그러고 나서 곧바로 방장실로 돌아갔다.

대사가 낙보(樂普)에게 물었다.

"전부터 한 사람은 방망이로 때리고 한 사람은 할을 하는데, 어느 쪽이 더 친한가?"

"모두 친하지 않습니다."

"어떤 것이 친한 곳인가?"

낙보가 할을 하니, 대사가 곧바로 때렸다.

대사가 목구(木口) 화상에게 물었다.

"어떤 것이 노지백우(露地白牛)인가?"

師下禪床把住云。道道。僧擬議師托開云。無位真人是什麼乾屎橛。便歸方丈。師問樂普云。從上來一人行棒一行喝阿那箇親。對曰。總不親。師曰。親處作麼生。普便喝。師乃打。師問木口和尚。如何是露地白牛。

목구가 "흠(吽)."하니, 대사는 "아(啞)."하였다.
이어 목구가 말하였다.
"노형(老兄), 어떠시오?"
"이 짐승아!"

대각(大覺)이 와서 뵈니, 대사가 불자(拂子)를 들었다. 대각이 방석을 펴니, 대사가 불자를 던졌다. 대각이 방석을 거두어 가지고 승당으로 들어갔다. 이에 대중이 말하였다.
"저 승려가 화상의 친구가 아닐까? 절도 하지 않고, 방망이도 맞지 않는구나."
대사가 이 말을 듣고 새로 온 승려를 부르라 하니 대각이 나섰다. 이에 대사가 말하였다.
"대중들이 말하기를 그대가 장로께 인사를 하지 않는다고 한다."
"살피지들 못하셨군요."
대각이 말하고는 대중 속으로 돌아갔다.

木口曰。吽。師曰。啞。木口曰。老兄作麼生。師曰。這畜生。大覺到參。師舉拂子。大覺敷坐具。師擲下拂子。大覺收坐具入僧堂。眾僧曰。這僧莫是和尚親故。不禮拜又不喫棒。師聞令喚新到僧。大覺遂出。師曰。大眾道汝未參長老。大覺云。不審便自歸眾。

마곡(麻谷)의 제2세가 뵈러 와서 방석을 펴고 물었다.
"십이면관세음은 어느 것이 바른 얼굴입니까?"
대사가 승상(繩床)에서 내려와 한 손으로 방석을 걷고 한 손으로는 마곡을 거머잡고 말하였다.
"십이면관세음이 어느 곳을 향해 갔는가?"
마곡이 몸을 돌려 승상에 앉으려 하는데, 대사가 주장자를 들어 때리니, 마곡이 주장자를 막아 잡고 맞붙들고 방장실로 돌아갔다.

대사가 법상에 올라 말하였다.
"대중들이여, 법을 위하는 이는 목숨을 돌보지 않아야 한다. 내가 황벽 화상의 처소에 있을 때, 불법의 확연한 뜻[的的大義]을 세 번 물어 그분에게 세 번 방망이를 맞았는데 마치 쑥대로 치는 것과 같았다. 지금도 한 방망이를 맞고 싶은데 누가 나를 위해 손을 써 주겠는가?"
이때에 어떤 승려가 나서서 말하였다.

麻谷(第二世)到參敷坐具問。十二面觀音阿那面正。師下繩床。一手收坐具。一手搊麻谷云。十二面觀音向什麼處去也。麻谷轉身擬坐繩床。師拈拄杖打。麻谷接却相捉入方丈。師上堂云。大眾夫為法者。不避喪身失命。我於黃檗和尚處。三度問佛法的的大義三度蒙他賜棒。如蒿枝拂著相似。如今更思一頓。誰為我下手得。時有僧出云。

"제가 해 보겠습니다."

대사가 방망이를 집어 그에게 주자 그 승려가 방망이를 잡으려 하니, 대사가 곧바로 때렸다.[11]

어떤 승려가 물었다.
"어떤 것이 제1구입니까?"
"삼요(三要)[12]의 법인(法印)이 찍히니 붉은 점이 선명하고, 헤아려 생각하기도 전에 주인과 손이 나뉘어진다."
"어떤 것이 제2구입니까?"
"묘해(妙解, 문수)가 어찌 무착(無著)의 물음을 용납하랴만, 방편에서야 어찌 절류기(截流機)[13]를 저버리랴."
"어떤 것이 제3구입니까?"
"무대 위의 허수아비 놀음을 보라. 끌고 당기는 것이 모두가 그 속의 조종하는 사람에게 달렸다."

某甲行得。師拈棒與他。其僧擬接。師便打(後雪峯拈云臨濟大似白拈賊)。僧問。如何是第一句。師曰。三要印開朱點窄。未容擬議主賓分。曰如何是第二句。師曰。妙解豈容無著問。漚和爭負截流機。曰如何是第三句。師曰。看取棚頭弄傀儡。抽牽全藉裏邊人。

---

11) 나중에 설봉(雪峯)이 듣고 말하기를 "임제는 마치 날강도 같구나." 하였다. (원주)
12) 삼요(三要) : 세 가지 요긴한 가르침. ①大機圓應 ②大用直裁 ③機用育施. 임제가 주창함.
13) 절류기(截流機) : 일체의 망상과 번뇌를 끊은 이를 말한다.

대사가 또 말하였다.

"일구(一句)에 삼현(三玄)[14]의 문(門)을 갖추어야 하고, 하나의 현문(玄門)에 삼요(三要)를 갖추어서 방편과 작용이 있어야 한다. 그대들 모두는 어떻게 아는가?"

대사가 당의 함통(咸通) 7년 병술 4월 10일에 곧 임종하려고 할 때 법상에 올라 말하였다.

"내가 열반한 후에 나의 정법안장이 끊어지지 않게 하라."

삼성(三聖)이 나와 말하였다.

"어찌 감히 화상의 정법안장을 끊어지게 하리까?"

"이후 사람이 있어 네게 물으면 그에게 무어라 하겠느냐?"

삼성이 곧바로 할을 하였다.

"나의 정법안장이 이 눈먼 나귀에게서 멸할 줄이야 그 누가 알았으리오."

師又曰。夫一句語須具三玄門。一玄門須具三要。有權有用。汝等諸人作麼生會。師唐咸通七年丙戌四月十日。將示寂上堂云。吾滅後不得滅却吾正法眼藏。三聖出云。爭敢滅却和尙正法眼藏。師云。已後有人問你。向他道什麼。三聖便喝。師云。誰知吾正法眼藏向這瞎驢邊滅却。

---

14) 삼현(三玄): 세 가지 심원한 가르침. ①玄中玄 ②句中玄 ③體中玄.

그리고는 게송을 말하였다.

흐름을 따라 그치지 않는 일이 어떠한가 물으면
참된 비침은 가없다고 사람들에게 말하리라
형상과 이름을 여의어 사람들이 주고받을 것조차 없으나
취모검(吹毛劍)을 쓰고는 급히 갈아두어라

게송을 마치고는 앉아서 입적하니, 혜조 대사(慧照大師)라 시호를 내리고, 탑은 징령(澄靈)이라 하였다.

乃有頌曰。
沿流不止問如何
真照無邊說似他
離相離名人不稟
吹毛用了急還磨
頌畢坐逝。勅諡慧照大師。塔曰澄靈。

 토끼뿔

༄ "유나야, 나를 좀 일으켜라." 했을 때

대원은 "임제는 생매장을 즐기나 저는 이렇게 화상과 더불어 즐기기를 좋아합니다." 하고, 화상을 일으켜 손을 잡고 춤을 췄을 것이다.

༄ "여러분의 붉은 살덩이 위에 하나의 무위진인(無位眞人)이 있어 항상 그대들의 면전(面前)에 출입한다. 만일 알지 못하는 자가 있거든 보는 놈을 보라." 했을 때

대원은 할을 해서 번거로운 뒷말이 없게 했을 것이다.

진(陳) 존숙(尊宿)

진(陳) 존숙은 처음에 목주(睦州) 용흥사(龍興寺)에 살면서 정체를 숨기고 항상 짚신을 삼아서 길 위에다 몰래 두었다. 오랫동안 그렇게 하자 사람들이 차츰 알게 되어 그를 진포혜(陳蒲鞋)[15]라 불렀다.

당시 학인들이 몰아치듯 물어 와도 물음에 따라 즉시 대답하였는데, 말의 내용이 고준하고 옛사람이 쓰던 말을 따르지 않았으므로 근기가 낮은 무리들은 종종 비웃었으나, 현묘하게 배워서 성품이 민첩한 이들은 탄복해 마지않았다. 이 까닭에 제방에서 흠모하여 진 존숙이라 불렀다.

대사가 만참(晚參)[16] 때에 대중에게 말하였다.

陳尊宿。初居睦州龍興寺。晦迹藏用。常製草履密置於道上。歲久人知乃有陳蒲鞋之號焉。時有學人叩激。隨問遽答。詞語峻嶮既非循轍。故淺機之流往往嗤之。唯玄學性敏者欽伏。由是諸方歸慕。謂之陳尊宿。師因晚參謂眾曰。

---

15) 진포혜(陳蒲鞋) : 포혜(蒲鞋)는 짚신이라는 뜻이다.
16) 만참(晚參) : 사찰에서 수행승이 저녁에 스승에게 법을 묻는 것.

"그대들이 들어갈 곳을 얻지 못했거든 들어갈 곳을 찾아라. 들어갈 곳을 얻었거든 노승을 저버리지 말라."

이때에 어떤 승려가 나와서 절을 하고 말하였다.

"저는 끝끝내 노스님을 저버리지 않겠습니다."

"벌써 나를 저버렸다."

대사가 또 말하였다.

"노승이 여기에 주지를 시작한 이래 아직 한 번도 일없는 사람이 오는 것을 보지 못했다. 그대들은 어째서 가까이 오지 않는가?"

이때에 어떤 승려가 막 앞으로 나서려 하니, 대사가 말하였다.

"유나가 없으니 그대 스스로를 데리고 나가서 삼문(三門) 밖에서 20방망이를 때려라."

"제게 허물이 어디에 있습니까?"

"죄인의 목에 씌우는 형구에다 쇠고랑까지 찼구나."

汝等諸人未得箇入頭。須得箇入頭。若得箇入頭。已後不得孤負老僧。時有僧出禮拜曰。某甲終不敢孤負和尚。師曰。早是孤負我了也。師又曰。老僧在此住持。不曾見箇無事人到來。汝等何不近前。時有一僧方近前。師云。維那不在。汝自領出去三門外與二十棒。僧云。某甲過在什麼處。師云。枷上更著杻。

대사는 항상 선(禪)을 하는 스님〔衲僧〕이 오는 것을 보면 문을 닫고, 혹은 강의하는 승려가 오는 것을 보면 "좌주여!"하고 불러서 그 승려가 대답하면 "이 담판한(擔板漢)[17]아!"라고 하거나, "저 속에 물통이 있으니 나에게 물을 떠다 주게."라고 하였다.

어느 날 대사가 복도에 서 있으니, 어떤 승려가 와서 물었다.
"진 존숙의 방이 어디 입니까?"
대사가 짚신을 벗어서 머리를 치자, 그 승려가 달아났다.
대사가 "대덕이여!"하고 부르니, 그 승려가 고개를 돌렸다. 이에 대사가 그를 가리키면서 말하였다.
"그래도 그리로 가려는가?"

어떤 승려가 와서 문을 두드리니, 대사가 물었다.
"누구요?"

師尋常或見衲僧來即閉門。或見講僧乃召云座主。其僧應諾。師云。擔板漢。或云。這裏有桶與我取水。師一日在廊階上立。有僧來問云。陳尊宿房在何處。師脫草履驀頭打。僧便走。師召云。大德。僧迴首。師指云。却從那邊去。有僧扣門。師云。阿誰。

---

17) 담판한(擔板漢) : 널판지를 메는 놈이라는 뜻으로, 한 쪽만 보고 다른 쪽은 보지 못하는 사람을 일컫는다. 여기에서는 경계에만 매여 자성을 보지 못하는 사람을 말한다.

승려가 말하였다.
"접니다."
"진(秦) 시대의 도락찬[18]이구나."

어느 날 천자의 사신이 와서 물었다.
"세 문이 모두 열리면 어느 문으로 들어갑니까?"
대사가 불렀다.
"상서(尙書)여!"
천자의 사신이 대답하자, 대사가 말하였다.
"믿으면 문에 든 것이오."
천자의 사신이 또 벽화(壁畵)를 보다가 물었다.
"저 두 존자가 무슨 이야기를 하고 있는 것입니까?"
대사가 기둥을 붙들고 말하였다.
"삼신(三身) 가운데 어느 것이 설법을 하지 않으리오."

대사가 좌주에게 물었다.

僧云。某甲。師云。秦時車度轢鑽。一日有天使問。三門俱開從那門而入。師喚尙書。天使應諾。師云。從信門入。天使又見壁畵問云。二尊者對譚何事。師㨎露柱云。三身中那箇不說法。師問座主。

---

18) 도락찬 : 성 쌓는 기계.

"그대가 유식(唯識)[19]을 강의하지 않았는가?"
"그렇습니다."
"5계(戒)도 지키지 못하는구나."

대사가 어떤 장로에게 물었다.
"깨달으면 털끝으로 대해(大海)를 삼키어, 비로소 온누리가 하나의 티끌임을 안다 하였으니, 장로는 어떻다고 여기는가?"
"누구에게 물으셨습니까?"
"장로에게 물었소."
"왜 말을 알아듣지 못하십니까?"
"그대가 말을 알아듣지 못하는가, 내가 알아듣지 못하는가?"

대사가 승려가 오는 것을 보고 말하였다.
"보는 것으로 공안(公案)을 이루려 한다면 그대에게 30방을 때리리라."

汝莫是講唯識否。對曰。是。師云。五戒不持。師問一長老云。了即毛端吞巨海。始知大地一微塵。長老作麽生。對云。問阿誰。師云。問長老。長老云。何不領話。師云。汝不領話我不領話。師見僧來云。見成公案放汝三十棒。

---

19) 유식(唯識): 삼라만상은 마음 밖에 따로 존재하는 것이 아니어서 오직 마음뿐이라는 것.

"저는 이렇습니다."
대사가 말하였다.
"삼문(三門)의 금강역사(金剛力士)는 왜 주먹을 들고 있는가?"
"금강까지도 이러할 뿐입니다."
대사가 곧바로 때렸다.

어떤 승려가 물었다.
"어떤 것이 모든 것을 초월했다는 것마저 세우지 않는 한 길입니까?"
대사가 말하였다.
"요긴한 도리에 무슨 어려움이 있겠는가?"
"청하오니 스승께서 일러 주시기 바랍니다."
"처음은 31이요, 중간은 9요, 맨 끝은 7이니라."

"한 겹으로 한 겹을 버리는 것은 묻지 않습니다. 한 겹으로 한 겹을 버리지 않는다는 것도 없을 때에는 어떠합니까?"
"어제 아침에는 가지를 심었고, 오늘 아침에는 덩굴풀을 심었다."

僧云。某甲如是。師云。三門金剛為什麼舉拳。僧云。金剛尚乃如是。師便打。問如何是向上一路。師云。要道有什麼難。僧云。請師道。師云。初三十一中九下七。問以一重去一重即不問。不以一重不去一重時如何。師云。昨朝栽茄子。今日種冬瓜。

"어떤 것이 조계(曹谿)의 적적(的的) 분명한 뜻입니까?"
"노승은 성내기는 좋아하고 기뻐하기는 좋아하지 않는다."
"어째서 그렇습니까?"
"길에서 검객을 만나거든 칼을 드러내고 시인이 아니거든 시를 말하지 말라."

어떤 승려가 와서 인사를 하니, 대사가 물었다.
"어디서 왔는가?"
"유양(瀏陽)에서 왔습니다."
"그 고장의 노장님들은 불법의 대의를 대답할 때에 무어라 하던가?"
"온 세상을 다녀도 길은 없다 하였습니다."
"노숙들이 정말로 그렇게 말하던가?"
"사실입니다."

問如何是曹谿的的意。師云。老僧愛嗔不愛喜。僧云。爲什麼如是。師云。路逢劍客須呈劍。不是詩人莫說詩。僧到參。師問。什麼處來。僧云。瀏陽。師云。彼中老宿祇對佛法大意道什麼。云遍地行無路。師云。老宿實有此語否。云實有。

대사가 주장자를 들어 때리면서 말하였다.
"이 말이나 기억하고 다니는 놈아."

대사가 어떤 장로에게 물었다.
"만일 도반(道伴)들이 오면 무엇이라 대답하시겠소?"
장로가 말하였다.
"그가 오기를 기다립니다."
"왜 말하지 못하시오?"
"화상이시여, 무슨 허물이 있다고 비난하십니까?"
"바라건대 번뇌 망상하지 마시오."

어떤 승려가 와서 뵈니, 대사가 말하였다.
"그대는 행각(行脚)[20] 하는 승려가 아닌가?"
"그렇습니다."
"부처님께 절을 했는가?"

師拈拄杖打云。這念言語漢。師問一長老。若有兄弟來將什麽祇對。長老云。待他來。師云。何不道。長老云。和尚欠少什麽。師云。請不煩葛藤。有僧參。師云。汝豈不是行脚。僧云。是。師云。禮佛也未。

---

20) 행각(行脚) : 선종(禪宗)의 승려가 여러 곳을 다니며 수행하는 것.

"그 흙덩이에다 절을 해서 무엇 합니까?"
"나가거라."

어떤 승려가 물었다.
"제가 강의도 하고 행각도 했지만 불법의 뜻을 모르겠으니, 어찌 하겠습니까?"
대사가 말하였다.
"진실하게 말하면 당연히 참회가 된다."
"스님께서 가리켜 보여 주십시오."
"그대가 만일 모른다면 나는 입을 닫고 말을 않겠다."
"말씀해 주십시오."
"마음으로 사람을 저버리지 않으면 얼굴에 부끄러워하는 빛이 없느니라."

"일구(一句)의 도리를 다했을 때는 어떠합니까?"
"의리(義理)에 떨어졌구나."
"어디가 학인이 의리에 떨어진 곳입니까?"

云禮那土堆作麼。師云。自領出去。僧問。某甲講兼行脚不會教意時如何。師云。實語當懺悔。僧云。乞師指示。師云。汝若不會。老僧即緘口無言。僧云。便請道。師云。心不負人面無漸色。問一句道盡時如何。師云。義墮也。僧云。什麼是學人義墮處。

"30방을 누구를 시켜 때릴꼬?"

"교리의 뜻과 조사의 뜻이 같습니까, 다릅니까?"
"청산은 스스로 청산이고, 백운은 스스로 백운이니라."
"어떤 것이 청산입니까?"
"나에게 한 방울의 비를 돌려다오."
"말하지 못하겠으니 스님께서 말씀해 주십시오."
"법화의 봉우리는 앞에 진을 쳤고 열반 구절은 뒤를 거두었다."

대사가 어떤 승려에게 물었다.
"올 여름은 어디에 있었는가?"
승려가 말하였다.
"화상께서 머무를 곳이 있게 되면 말씀드리겠습니다."
"여우는 사자의 무리가 못되고 등불빛은 일월의 밝음이 못되느니라."

　　師云。三十棒教誰喫。問教意祖意是同是別。師云。青山自青山。白雲自白雲。僧云。如何是青山。師云。還我一滴雨來。僧云。道不得請師道。師云。法華峯[21]前陣涅槃句後收。師問僧。今夏在什麼處。云待和尚有住處即說似和尚。師云。狐非獅子類。燈非日月明。

---

21) 峯이 원나라본에는 鋒으로 되어있다.

대사가 처음 온 승려에게 물었다.
"어디서 왔는가?"
승려가 눈을 부릅뜨고 보니, 대사가 말하였다.
"당나귀보다는 앞서고 말보다는 뒤진 놈이구나."
"스님께서 감정해 주십시오."
"당나귀보다 앞서고 말보다 뒤진 놈아, 한 마디 말해 봐라."
그 승려가 대답이 없었다.

대사가 경을 보는데 상서(尚書)인 진조(陳操)가 와서 물었다.
"화상께서는 무슨 경을 보십니까?"
"『금강경』을 보고 있소."
"6조 때에 번역된 것으로부터 몇 번째 번역입니까?"
대사가 경을 들어 올리면서 말하였다.
"온갖 유위(有爲)의 법은 꿈, 요술, 거품, 그림자 같소."

師問新到僧。什麼處來。僧瞪目視之。師云。驢前馬後漢。僧云。請師鑒。師云。驢前馬後漢道將一句來。僧無對。師看經次。陳操尚書問。和尚看什麼經。師云。金剛經。尚書云。六朝翻譯此當第幾譯。師舉起經云。一切有為法如夢幻泡影。

또 대사가 『열반경』을 보는데, 어떤 승려가 와서 물었다.
"화상께서는 무슨 경을 보십니까?"
대사가 경을 들어 올리면서 말하였다.
"이는 다비품(茶毘品)의 맨 마지막이니라."

새로 온 승려에게 대사가 물었다.
"올 여름에는 어디에 있었는가?"
승려가 말하였다.
"경산(徑山)에 있었습니다."
"몇 사람이나 있었는가?"
"4백 명이었습니다."
"밤참이나 먹는 놈들."
"존숙들의 총림인데 어째서 밤참이나 먹는다 하십니까?"
대사가 방망이로 때려 쫓았다.

師又因看涅槃經。僧問。和尚看什麼經。師拈起經云。這箇是茶毘品最末後。師問新到僧。今夏在什麼處。僧云。徑山。師云。多少人。云四百人。師云。這喫夜飯漢。僧云。尊宿叢林何言喫夜飯。師乃棒趁出。

대사는 어떤 노숙이 가까이하기 어려운 사람이라는 말을 듣고 몸소 그를 찾아갔다. 노숙이 대사가 막 방장실에 들어서자마자 곧 할을 하니, 대사가 손바닥을 옆으로 돌리고서 말하였다.
"두 겹 공안이니라."
"허물이 어디에 있소?"
"이 들여우 혼신아, 당장 물러가라."

대사가 어떤 승려에게 물었다.
"요새 어디서 떠났는가?"
"강서(江西)에서 떠났습니다."
"짚신이 얼마나 헤졌는가?"
승려가 대답이 없었다.

대사가 어떤 강사와 차를 마시다가 말하였다.
"나는 그대를 구원하지 못하겠다."

師聞一老宿難親近。躬往相訪。老宿見師纔入方丈便喝。師側掌云。兩重公案老宿云。過在什麼處。師云。這野狐精便退。師問僧。近離什麼處。僧云。江西。師云。蹋破多少草鞋。僧無對。師與講僧喫茶。師云。我救汝不得也。

승려가 말하였다.

"저는 잘 모르겠으니 스님께서 잘 보여 주십시오."

대사가 기름에 지진 떡 하나를 들어 보이면서 말하였다.

"이것이 무엇인가?"

"물질의 법입니다."

"이 기름 가마에 넣어 튀길 놈아."

어떤 자의(紫衣)22) 대덕(大德)이 와서 절을 하니, 대사가 모자끈을 들어 보이면서 말하였다.

"이것이 무엇인가?"

대덕이 말하였다.

"조천모(朝天帽)라 합니다."

"그렇다면 나는 벗지 않겠다."

대사가 다시 물었다.

"무슨 업을 익혔는가?"

"유식(唯識)을 익혔습니다."

僧云。某甲不曉乞師垂示。師拈油餠示之云。這箇是什麼。僧云。色法。師云。這入鑊湯漢。有一紫衣大德到禮拜。師拈帽子帶示之云。這箇喚作什麼。大德云。朝天帽。師云。恁麼即老僧不卸也。師復問。所習何業。云唯識。

---

22) 자의(紫衣) : 자주빛 가사. 나라에서 고승에게 경의를 나타내며 주는 옷.

대사가 말하였다.

"무엇이라 설했는가?"

"삼계가 오직 마음이요, 만법이 오직 식(識)이라 했습니다."

대사가 문짝을 가리키면서 물었다.

"저것은 무엇인가?"

"물질의 법입니다."

"발〔簾〕 앞에서 자의(紫衣)를 받고 황제 앞에서 경을 설하는 이가 어찌 5계도 지키지 않는가?"

대덕이 대답이 없었다.

어떤 승려가 물었다.

"저는 총림에 갓 들어왔습니다. 스님께서 가리켜 보여 주십시오."

"그대는 묻는 법을 모르는구나."

"화상께서는 어찌하시겠습니까?"

"그대에게 30방을 때리리니 나가거라."

師云。作麼生說。云三界唯心萬法唯識。師指門扇云。這箇是什麼。云是色法。師云。簾前賜紫對御譚經。何得不持五戒。僧無對。僧問。某甲乍入叢林。乞師指示。師云。你不解問。云和尚作麼生。師云。放汝三十棒自領出去。

"교리의 뜻을 묻고자 하니 스님께서 요점을 보여 주십시오."
대사가 말하였다.
"묻기만 하라. 그대에게 말해 주리라."
"화상께서 말씀해 주십시오."
"불전 안에서 향을 피우고 삼문(三門) 밖에서 합장을 한다."
"어떤 것이 풀어 설하는 말입니까?"
"재량에 맞추어 직책을 주느니라."
"어찌하여야 풀어 설하는 말에 빠지지 않겠습니까?"
"복유상향(伏惟尙饗)[23]이로다."

대사가 초산(焦山)을 불러 가까이 오라고 하고, 또 동자를 불러 도끼를 가져오라고 하니, 동자가 도끼를 가지고 와서 말하였다.
"먹줄이 없으니 거칠게나마 깎겠습니다."
대사가 할을 하였다. 그리고 다시 동자를 부르고 말하였다.

問教意請師提綱。師云。但問將來與你道。僧云。請和尚道。師云。佛殿裏燒香。三門外合掌。問如何是展演之言。師云。量才補職。僧云。如何得不落展演。師云。伏惟尙饗。師喚焦山近前來。又呼童子取斧來。童子取斧至云。未有繩墨且斫麁。師喝之。又喚童子云。

---

23) 복유상향(伏惟尙饗) : 제사 지낼 때 쓰는 말.

"어느 것이 네 도끼냐?"
동자가 도끼로 쪼개는 시늉을 하니, 대사가 말하였다.
"네 할아버지 머리는 쪼개지 못하리라."

"어떤 것이 한 가닥 길을 열어주는 것입니까?"
"재주에 따라 직책을 주는 것이니라."
"어떤 것이 한 가닥 길도 열어주지 않는 것입니까?"
"복유상향(伏惟尙饗)이로다."

새로 온 승려가 와서 뵈니 대사가 물었다.
"그대가 새로 왔는가?"
"그렇습니다."
"갈등(葛藤)을 놓아 버려라. 알겠는가?"
"모르겠습니다."
"칼을 메고 죄상을 진술한 뒤에 나가거라."

作麼生是你斧頭。童子遂作斫勢。師云。斫你老爺頭不得。問如何是放一線道。師云。量才補職。又問。如何是不放一線道。師云。伏惟尙饗。新到僧參。師云。汝是新到否。云是。師云。且放下葛藤會麼。云不會。師云。擔枷陳狀自領出去。

그 승려가 나가려 하니 대사가 말하였다.

"오너라, 오너라. 내가 진실로 그대에게 묻겠다. 그대는 어디서 왔는가?"

"강서에서 왔습니다."

"늑담(泐潭) 화상이 그대의 등 뒤에서 그대가 어지러이 지껄이는 것을 두려워하는데 보았는가?"

승려가 대답이 없었다.

어떤 승려가 물었다.

"절문 앞 금강문을 열었으나 하늘땅이 열리기 전이니, 털끝만큼도 서로 만남이 아닌 이런 때에는 어떠합니까?"

"흠흠(吽吽). 나는 아직껏 그렇게 묻는 이를 보지 못했는데 먼저 3천을 뛰고 다시 8백을 물러섰으니, 그대는 어찌하겠느냐?"

그 승려가 "네."하고 대답하자, 대사가 말하였다.

僧便出。師云。來來我實問汝什麼處來。云江西。師云。泐潭和尚在你背後怕你亂道見麼。僧無對。問寺門前金剛托即。乾坤大地不托即。絲髮不逢時如何。師云。吽吽我不曾見此問。先跳三千倒退八百。你合作麼生。僧云。諾。師云。

"먼저 죄상을 적은 조서 한 장을 받는 게 좋겠다."
그리고는 때리자, 그 승려가 나가려 하니, 대사가 말하였다.
"오너라. 그대와 이야기를 나누리라. 하늘과 땅이 열린다 하니 동정호(洞庭湖)의 물이 얼마나 깊은가 말해 봐라."
"헤아릴 수 없습니다."
"동정호는 또한 어떠한가?"
"다만 지금일 뿐입니다."
"분별로는 알지 못하느니라."
그리고는 때렸다.

"어떤 것이 간 곳마다 막히지 않는 구절입니까?"
"나는 그렇게 말하지 않겠다."
"스님은 어떻게 말하시겠습니까?"
"화살이 서천(西天) 십만 리를 날아와서 대당국(大唐國)에서 문안을 한다."

先責一紙罪狀好便打。其僧擬出。師云。來我共你葛藤。托即乾坤大地。你且道洞庭湖裏水深多少。僧云。不曾量度。師云。洞庭湖又作麼生。僧云。只為今時。師云。只這葛藤尚不會乃打之。問如何是觸途無滯底句。師云。我不恁麼道。云師作麼生道。師云。箭過西天十萬里却向大唐國裏等候。

어떤 승려가 와서 문을 두드리니, 대사가 물었다.

"무슨 일인가?"

"자기의 일을 밝히지 못했으니 스님께서 가리켜 보여 주십시오."

"여기에 방망이만 있으면 문을 열 수 있다."

막 문을 열고 그 승려가 물으려 하자, 대사가 곧 그 승려의 물으려는 입을 때렸다.

"이(以)자도 아니 되고 팔(八)자도 아니니, 이것이 무슨 구절이겠는가?"

대사가 손가락을 한 번 튕기고 말하였다.

"알겠는가?"

"모르겠습니다."

"아까부터 한량없는 수승한 인(因)을 표해서 찬탄하였으니, 두꺼비는 범천(梵天)에 뛰어 오르고 지렁이는 동해를 달려 지나간다."

서봉(西峯) 장로가 와서 뵈니, 대사가 다과(茶果)를 장만하여 자리를 권하고 물었다.

有僧扣門。師云。作什麼。云己事未明乞師指示。師云。這裏只有棒方開門。其僧擬問。師便攔其僧口問。以字不成。八字不是。是何章句。師彈指一下云。會麼。云不會。師云。上來表讚無限勝因。蝦蟇跳上梵天。蚯蚓走過東海。西峯長老來參。師致茶果命之令坐問云。

"장로여, 올 여름은 어디서 안거를 하였는가?"

"난계(蘭谿)에서 지냈습니다."

"몇 사람이나 지냈는가?"

"70명이었습니다."

"시시때때 무엇으로 무리들에게 보이는가?"

장로가 감자를 들어 보이고 말하였다.

"이미 마쳤습니다."

"왜 그리 성질이 급한가?"

이때에 어떤 승려가 새로 와서 막 절을 하려는데, 대사가 꾸짖었다.

"사리(闍梨)여, 어째서 상주물(常住物)인 과자를 훔쳐 먹는가?"

"학인은 이제 방금 왔는데 화상께서는 어째서 과자를 훔쳐 먹는다고 하십니까?"

"훔친 물건이 남아 있구나."

長老今夏在什麼處安居。云蘭谿。師云。有多少徒眾。云七十來人。師云。時中將何示徒。長老拈起柑子呈云。已了。師云。著什麼死急。時有僧新到參方禮拜。師叱云。闍梨因何偷常住果子喫。僧云。學人纔到。和尚為什麼道偷果子。師云。贓物見在。

대사가 승려에게 물었다.
"요새 어디서 떠났는가?"
"앙산(仰山)에서 떠났습니다."
"5계도 지니지 못하는구나."
"제 말이 어디가 망령된 말입니까?"
"여기는 사미를 키우지 않는다."

師問僧。近離什麼處。曰仰山。師曰。五戒也不持。曰某甲什麼處是妄語。師云。這裏不著沙彌。

 토끼뿔

∽ "그대들이 들어갈 곳을 얻지 못했거든 들어갈 곳을 찾아라."
했을 때

대원은 "앞산도 웃는다." 하리라.
"험."

∽ 혹은 강의하는 승려가 오는 것을 보면 "좌주여!" 하고 불러서 그 승려가 대답하면 "이 담판한(擔板漢)아!" 했는데

대원이라면 "이 담판한아, 무엇을 보았는가?" 하리라.

∽ 대사가 좌주에게 묻기를 "그대가 유식을 강의하지 않았는가?" 하니, 좌주가 대답하기를 "그렇습니다." 했는데

대원이라면 "뭐라 하셨습니까? 다시 한 번 일러 주십시오." 해서 대사가 다시 "그대가 유식을 강의하지 않았는가?" 하면 "저의 강의를 아셨습니까?" 하리라.

항주(杭洲) 천경산(千頃山) 초남(楚南) 선사

초남 선사는 민중(閩中) 사람으로 성은 장(張)씨이다. 어릴 적에 개원사(開元寺)의 담애(曇藹) 선사에 의해 출가하였다가 스무 살이 되자 머리를 깎았다.

오대산에 가서 구족계를 받은 뒤에는 조군(趙郡)에 가서 율부(律部)를 배우다가 상도(上都)에 가서 『정명경(淨名經)』을 들었다. 그리하여 법의 이치를 자세하게 연구하였으나 현묘한 기틀을 깨닫지 못하고, 마침내 부용(芙蓉)을 뵈러 가니, 부용이 보고 말하였다.

"나는 그대의 스승이 아니다. 그대의 스승은 강 너머의 황벽(黃檗)이다."

대사가 절하고 물러나서 황벽에게 가서 인사를 하니, 황벽이 물었다.

杭州千頃山楚南禪師。閩中人也。姓張氏。自髫齓投開元寺曇藹禪師出家。迨乎冠歲落髮。詣五臺具戒。就趙郡學相部律。往上都聽淨名經。既精研法義而未了玄機。遂謁芙蓉。芙蓉見曰。吾非汝師。汝師江外黃檗是也。師禮辭而參黃檗。黃檗垂問曰。

"그대는 삼계의 그림자가 나타나기 전에는 어떻다 하겠는가?"
대사가 대답하였다.
"지금인들 어찌 있겠습니까?"
황벽이 말하였다.
"있고 없음은 그만두고 지금은 어떠한가?"
"지금도 옛도 아닙니다."
"나의 법안(法眼)이 이미 그대에게 있구나."

대사가 입실하여 시봉을 하면서 조석으로 법을 물었다. 얼마 지나지 않아 당(唐) 무종(武宗)의 폐불사태(廢佛沙汰)를 만나 깊은 산 속에 숨었다

대중(大中) 초에 상공(相公)인 배휴(裵休)가 완릉(宛陵)을 순시하러 나왔다가 황벽 화상에게 산에서 나오기를 청하자 대사도 따라서 나왔다.

子未現三界影像時如何。師曰。即今豈是有耶。檗曰。有無且置。即今如何。師曰。非今古。曰吾之法眼已在汝躬。師乃入室執巾侍盥晨晡請益。尋值唐武宗廢教。師遂深竄林谷。暨大中初相國裵公休出撫宛陵。請黃檗和尚出山師隨出。

이로 말미암아 고소(姑蘇)의 보은사(報恩寺)로 가서 부지런히 선정을 닦으면서 20년 동안 문턱을 나서지 않았다. 이때에 갑자기 군수의 청을 받아 보림원(寶林院)에 살다가 오래지 않아 다시 지형산(支硎山)에 살라는 청을 받았고, 다시 천경산 자운원(慈雲院)에서 황벽의 현풍을 크게 드날렸다.

어느 날 대사가 법상에 올라 말하였다.
"여러분이 설사 삼세 부처님의 가르침을 병에서 물을 따르듯이 알고, 백 천 가지 삼매를 얻었다 하여도 한 생각에 무루의 도를 닦아서 인간과 하늘의 인과의 얽매임에서 벗어나는 것만 못하다."
이때에 어떤 승려가 물었다.
"무루의 도를 어떻게 닦습니까?"
"그대가 있기 전에 체득해 버렸다."
"제가 있기 전에 누가 체득했습니까?"
"체득한 자라 할 것도 또한 없느니라."

由茲抵姑蘇報恩寺精修禪定。僅二十餘載足不踰閾。俄為郡守請住寶林院。未幾復請居支硎山。又住千頃慈雲院振黃檗玄風。一日師上堂曰。諸子設使解得三世佛教如瓶注水。及得百千三昧。不如一念修無漏道。免被人天因果繫絆。時有僧問。無漏道如何修。師曰。未有闍梨時體取。曰未有某甲時誰人體。師曰。體者亦無。

승려가 물었다.

"어떤 것이 쉬운 일입니까?"

대사가 말하였다.

"옷을 입고 밥을 먹을 뿐, 경을 보거나 가르침을 헤아리거나 하지 않고, 도를 행한다거나 절을 한다거나 몸을 태운다거나 하는 짓을 하지 않는다면 어찌 쉽지 않겠는가?"

"이렇게 이미 쉽다면 무엇을 어렵다 하겠습니까?"

"조그마한 생각이라도 나면 벌써 오음(五陰)[24]과 삼계(三界)가 갖춰지니, 윤회와 생사가 다 그대의 한 생각에서 난 것이다. 그러므로 부처님께서 모든 보살들에게 가르치시기를 '부처님께서 보호하여 생각하게 하는 바'라고 하셨느니라."

대사는 근기에 따라 지도하기를 게을리 하지 않았으며, 항상 엄연히 선정에 들어서 달을 넘기기도 하고, 혹은 열흘을 지내기도 하였다.

問如何是易。師曰。著衣喫飯不用讀經看敎。不用行道禮拜燒身煉頂。豈不易耶。曰此旣是易。如何是難。師曰。微有念生便具五陰三界。輪迴生死皆從汝一念生。所以佛敎諸菩薩云。佛所護念。師雖應機無倦。而常儼然處定。或逾月或浹旬。

---

24) 오음(五陰) : 색(色), 수(受), 상(想), 행(行) 식(識).

광계(光啓) 3년에 전(錢)왕의 청으로 산을 내려가 공양을 받았고, 소종(昭宗)이 그의 도화(道化)를 듣고 자의(紫衣)를 하사하였다.

문덕(文德) 6년 5월에 무리를 하직하고 근엄한 모습으로 입적하니, 수명은 76세이고, 법랍은 56세였다. 탑은 선원의 서쪽 모퉁이로 옮겨다 세웠다. 대순(大順) 2년 임자 2월에 선주(宣州)의 손유(孫儒)가 전당(錢塘)을 침노했다가 병사들이 탑을 여니, 전신이 흩어지지 않고 손톱과 모발이 자란 것을 보고 죄를 뉘우치면서 달아났다.

대사가 생전에 저술한 『반야경품송게(般若經品頌偈)』 1권과 『파사론(破邪論)』 1권이 세상에 널리 유포되었다.

光啟三年錢王請下山供養。昭宗聞其道化就賜紫衣。文德六[25]年五月辭眾奄然而化。壽七十六。臘五十六。遷塔於院西隅。大順二年(元作景福元年)壬子二月宣州孫儒寇錢塘。兵士發塔覩全身不散爪髮俱長。謝罪懺悔而去。師平昔著般若經品頌偈一卷破邪論一卷。見行於世。

---

25) 六이 원나라본에는 元으로 되어있다.

 토끼뿔

∞ "그대는 삼계의 그림자가 나타나기 전에는 어떻다 하겠는가?" 했을 때

대원은 바닥을 치고 "여기 그런 말인들 서리까?" 하리라.

∞ "한 생각에 무루의 도를 닦아서 인간과 하늘의 인과의 얽매임에서 벗어나는 것만 못하다." 했을 때

대원은 "그러한 말은 아직은 꼬리가 물린 무루입니다." 하고, 일할을 하리라.

복주(福州) 오석산(烏石山) 영관(靈觀) 선사

영관 선사는 평상시에 문을 잠그고 있어서 사람들의 눈에 띄지 않았으나, 오직 한 재가 신도가 끼니때마다 음식을 보내면 문을 열었다.

어느 날 설봉(雪峯)이 짬을 기다리다가 문을 두드리니, 대사가 나와서 문을 열었다. 설봉이 갑자기 멱살을 잡고 다그쳤다.

"범부인가, 성현인가?"

대사가 침을 탁 뱉으면서 말하였다.

"이 들여우 혼신아."

그리고는 밀어내고 문을 닫아 버리니, 설봉이 말하였다.

"다만 노형을 알고 싶었을 뿐이요."

대사가 풀을 깎다가 어떤 승려에게 물었다.

"그대는 어디를 가는가?"

福州烏石山靈觀禪師。尋常扃戶人罕見之。唯一信士每至食時送供方開。一日雪峯伺便扣門。師出開門。雪峯驀胸搊住云。是凡是聖。師唾云。這野狐精。便推出閉却門。雪峯云。也只要識老兄。師因剗草次問僧。汝何處去。

"서원(西院)의 안 화상께 절을 하러 갑니다."
이때에 대나무 위에 푸른 뱀 한 마리가 있었는데, 대사가 그 뱀을 가리키면서 말하였다.
"들여우 혼신 같은 서원 늙은이를 알고자 하는가? 다만 이것이 바로 이것이다."

어느 날 대사가 서원의 안 화상에게 물었다.
"이 한 조각 땅에다 무엇을 하면 좋겠습니까?"
"형상 없는 부처를 모시면 좋겠다."
"좋은 조각 땅이 사형님의 똥에 더럽혀지는군요"

어느 날 대사가 물을 끌어다 대는데, 어떤 승려가 와서 뵈었다. 대사가 물 대는 막대기를 가로 메어 보이니, 그 승려가 가버렸다.
저녁이 되어 대사가 사미에게 물었다.
"아까 왔던 승려가 어디에 있는가?"

云西院禮拜安和尚去。時竹上有一靑蛇子。師指蛇云。欲識西院老野狐精。只這便是。師一日問西院安和尚。此一片地堪著什麼物。安云。好著箇無相佛。師云。好片地被兄放不淨。師一日引水次有僧來參。師以引水橫抽示之。其僧便去。師至暮問小師。適來僧在何處。

"떠났습니다."
"겨우 말뚝 하나를 얻어 갔구나."[26]

어떤 승려가 물었다.
"어떤 것이 부처입니까?"
대사가 혀를 내보였다. 그 승려가 절을 하고 물러가니, 대사가 말하였다.
"잠시 기다려라. 그대는 무엇을 보았기에 절을 하는가?"
"화상께서 자비를 베푸시어 혀를 내어 보이신 일을 감사합니다."
"내가 요즘 혀에 종기가 났느니라."

어떤 승려가 와서 문을 두드리니, 행자가 나가서 문을 열고는 나가버렸다. 승려가 들어와서 절을 하고 물었다.
"어떤 것이 서쪽에서 오신 뜻입니까?"
"아까 나간 사람이 누구던가?"

小師云。發去也。師云。只得一橛(玄覺云。什麽處是少一橛)。問如何是佛。師出舌示之。其僧禮謝。師云。住住你見什麽便禮拜。僧云。謝和尚慈悲出舌相示。師云。老漢近日舌上生瘡。有僧到敲門。行者開門後便出去。其僧入禮拜問。如何是西來意。師云。適來出去者是什麽人。

---

26) 현각(玄覺)이 말하기를 "어느 곳이 이 작은 말뚝인가?" 하였다. (원주)

그 승려가 가까이 다가서려는데, 대사가 버럭 밀어내고 문을 닫았다.

조산(曹山)이 행각을 다닐 때에 대사에게 와서 물었다.
"어떤 것이 비로자나불의 스승이며 법신의 주인입니까?"
"내가 그대에게 말한다면 따로 있는 것이 된다."
조산이 동산에게 가서 이야기하니, 동산이 말하였다.
"좋은 화두인데 애써 말하려는 것이 흠이구나. 왜 다시 가서 '무엇 때문에 말하지 못하시오?'라고 묻지 않는가?"
조산이 다시 돌아와서 앞의 말을 물으니, 대사가 말하였다.
"만일 내가 말하지 못했다고 하면 내 입이 벙어리일 것이고, 내가 말했다고 하면 내 혀는 곧다 할 것이다."
조산이 돌아와서 다시 동산에게 말하니, 동산이 깊이 수긍하였다.

僧擬近前。師便托出閉却門。曹山行脚時問。如何是毘盧師法身主。師云。我若向你道即別有也。曹山舉似洞山。洞山云。好箇話頭只欠進語。何不更去問為什麼不道。曹山乃却來進前語。師云。若言我不道。即啞却我口。若言我道。即謇却我舌。曹山歸舉示洞山。洞山深肯之。

토끼뿔

"이 한 조각 땅에다 무엇을 하면 좋겠습니까?" 했을 때

대원은 "그늘 없는 정자에서 밑 없는 찻잔에 감로주나 들며 즐기는 게 좋겠습니다." 하리라.

항주(杭州) 나한원(羅漢院) 종철(宗徹) 선사

종철 선사는 호주(湖州) 오흥현(吳興縣) 사람으로 성은 오(吳)씨이다. 어릴 때에 출가하였다가 나이가 차자 구족계를 받고, 사방으로 다니면서 묻고 참례하던 끝에 황벽(黃蘗) 희운(希運)의 법회에 의지하니, 황벽이 첫눈에 깊이 법기임을 알고 입실을 허락하였다.

법을 이어받은 뒤에 항주에 갔는데, 목사(牧師)인 유언(劉彦)이 그의 도를 흠모하여 서쪽에다 절을 짓고 나한원이라 부르니, 3백 명의 무리를 거느리게 되었다.

어느 때 대사가 법좌에 오르니 어떤 승려가 물었다.
"어떤 것이 서쪽에서 오신 뜻입니까?"

杭州羅漢院宗徹禪師。湖州吳興縣人也。姓吳氏。幼歲出家依年受具。巡方參禮。依黃蘗希運禪師法席。黃蘗一見便深器之。入室領旨。後至杭州。州牧劉彦慕其道。立精舍於府西號羅漢院。化徒三百。師有時上堂僧問。如何是西來意。

대사가 말하였다.
"골좌(骨剉)다."[27]

"어떤 것이 남종(南宗)과 북종(北宗)입니까?"
"마음이 종(宗)이니라."
"교리도 보아야 합니까?"
"교리가 마음이니라."

"성품에 어두움이 많은데 어찌하여야 깨닫겠습니까?"
"번거로운 구름이 바람에 걷히니, 하늘이 탁 트이고 맑으니라."
"어찌하여야 밝히겠습니까?"
"보름달이 희고 맑으니, 만 리에 빛이 비추느니라."

나중에 대사가 병든 모습을 보여 열반에 드니, 문인들이 선원의 북쪽 귀에다 탑을 세웠다.

師曰。骨剉也(師對機多用此語。故時人因號骨剉和尚)。問如何是南宗北宗。師曰。心爲宗。僧曰。還看敎也無。師曰。敎是心。問性地多昏如何了悟。師曰。煩雲風卷太虛廓清。曰如何得明去。師曰。一輪皎潔萬里騰光。師後示疾遷化。門人塔於院之北隅。

---

[27] 대사가 기틀을 대할 때 이 말을 많이 썼으므로, 당시 사람들이 골좌 화상이라고 불렀다. (원주)

양(梁)의 정명(貞明) 5년에 전왕(錢王)이 그 선원을 넓혀서 안국나한사(安國羅漢寺)라 하고, 대사의 탑을 대자산(大慈山) 중턱으로 옮겨다 세우니 절과 탑이 지금도 남아있다.

梁貞明五年錢王廣其院爲安國羅漢寺。移師塔於大慈山塢。今寺與塔並存。

토끼뿔

"성품에 어두움이 많은데 어찌하여야 깨닫습니까?"했을 때

대원은 "그 어두움을 가져와 봐라."하리라.

위부(魏府) 대각(大覺) 선사

홍화(興化) 존장(存獎) 선사가 원주로 있었는데, 어느 날 대사가 물었다.

"내가 항상 듣건대 그대가 남쪽에 한 바퀴 다녀왔어도 주장자 끝에 불법 아는 사람을 하나도 만나지 못했다고 하였다 하니, 무슨 도리에 의하여 그런 말을 했는가?"

홍화가 할을 하니, 대사가 때렸다. 홍화가 다시 할을 하니, 대사가 또 때렸다.

이튿날 홍화가 법당 앞으로 지나는데 대사가 불러 세우고 말하였다.

"원주야, 나는 어제 그대가 한 할을 아직까지 풀지 못하고 있으니 나에게 말해다오."

홍화가 말하였다.

魏府大覺禪師。興化存獎禪師爲院宰時。師一日問曰。我常聞汝道向南行一迴。拄杖頭未曾撥著箇會佛法底人。汝憑什麼道理有此語。興化乃喝。師便打。興化又喝。師又打。來日興化從法堂過。師召曰。院主。我直下疑汝昨日行底喝。與我說來。興化曰。

"존장이 평생 동안 삼성(三聖)에게 배운 것을 몽땅 화상에게 꺾여 버렸으니, 원컨대 저에게 안락한 법문을 일러 주십시오."

대사가 말하였다.

"저 눈먼 당나귀가 와서 저렇게 허물을 드러내는구나. 웃옷을 벗고 시원하게 한 대 맞기를 기다려라."

홍화가 이 말끝에 깨달았다. 홍화는 비록 대사와 함께 임제의 뒤를 이었으나 항상 대사를 자신을 일깨워 주는 벗으로 삼았다.

대사는 임종할 때에 대중에게 말하였다.

"내게 화살 하나가 있는데 누군가에게 전하고자 한다."

이때에 한 승려가 나서서 말하였다.

"화상의 화살을 주십시오."

"그대는 무엇을 화살이라 하는가?"

그 승려가 할을 하니, 대사가 몇 차례 때리고는 방장실로 돌아갔다. 그리고는 다시 그 승려를 불러서 들어오라고 하고 물었다.

存獎平生於三聖處學得底。盡被和尚折倒了也。願與存獎箇安樂法門。師曰。這瞎驢來這裏納敗缺卸卻衲帔待痛決一頓。興化即於語下領旨。雖同嗣臨濟。而常以師爲助發之友。師臨終時謂眾曰。我有一隻箭要付與人。時有一僧出云。請和尚箭。師云。汝喚什麼作箭。僧喝。師打數下。自歸方丈却喚其僧入來。問云。

"그대는 아까 일을 알겠는가?"
승려가 말하였다.
"잘 모르겠습니다."
대사가 또 몇 차례 때리고, 주장자를 던지면서 말하였다.
"이 후에 눈 밝은 사람을 만나거든 분명히 말해라."
그리고는 열반에 들었다.

汝適來會麼。僧云。不會。師又打數下。擲却拄杖云已。後遇明眼人分明擧似。便乃告寂。

토끼뿔

"내게 화살 하나가 있는데 누군가에게 전하고자 한다." 했을 때

대원은 "이미 내 손 안에 있습니다." 하리라.

배휴(裵休)

배휴는 자는 공미(公美)이며 하동(河東)의 문희(聞喜) 사람이다. 신안 군수로 갔을 때에 때마침 황벽 선사가 처음으로 황벽산에서 대중을 버리고, 대안정사(大安精舍)에 들어가서 정체를 감추고 대중에 섞이어 법당을 청소하고 있었다.

배휴가 절을 찾아가 향을 피우니, 지객(知客)[28]이 접대하였는데, 벽화를 보고 물었다.

"저건 무슨 그림인가요?"

지객이 대답하였다.

"고승의 진영입니다."

"진영은 볼 수 있지만 고승은 어디에 있소?"

승려들이 아무도 대답을 못하였다. 이때에 배휴가 물었다.

"여기에는 참선하는 승려가 없소?"

裵休字公美。河東聞喜人也。守新安日。屬運禪師初於黃檗山捨眾入大安精舍。混迹勞侶掃灑殿堂。公入寺燒香。主事祇接。因觀壁畫乃問。是何圖相。主事對曰。高僧真儀。公曰。真儀可觀高僧何在。僧皆無對。公曰。此間有禪人否。

---

28) 지객(知客) : 사찰에서 오고 가는 손님을 접대하고 안내하는 사람.

"요즈음 어떤 승려가 왔기에 절의 일을 시켰는데 그가 참선하는 승려 같습니다."

"그를 청해서 얻은 바가 있는지 물어볼 수 있겠소?"

이에 황벽 선사가 오니, 배휴가 첫눈에 보고 기뻐하면서 말하였다.

"제가 아까 한 가지를 물었더니 여러 스님들은 대답을 아끼셨습니다. 어른께서 그들을 대신하여 한 말씀해 주시겠습니까?"

"상공의 마음대로 물으시오."

배휴가 앞의 말을 되풀이하고 물으니, 대사가 소리를 높여 외쳤다.

"배휴여!"

그가 대답하니, 대사가 말하였다.

"어디에 있는가?"

그가 당장에 종지를 깨닫기를 마치 상투 속 구슬[29]을 얻은 것과 같았다.

曰近有一僧投寺執役。頗似禪者。公曰。可請來詢問得否。於是遽尋運師。公覲之欣然曰。休適有一問諸德咸辭。今請上人代酬一語。師曰。請相公垂問。公即舉前問。師朗聲曰。裵休。公應諾。師曰。在什麼處。公當下知旨如獲髻珠。

---

29) 『법화경』 안락행품에 나오는 상투 속 구슬〔髻珠〕의 비유인데, 부처님 가르침 중 최고의 요지를 뜻한다.

그가 말하였다.

"나의 스승이시여, 참 선지식이십니다. 사람에게 이렇게 분명하게 가리켜 보이시는 분으로서 어째서 이런 곳에 계십니까?"

이때에 대중들이 깜짝 놀랐다. 배휴가 이로부터 고을로 맞아들여 제자의 예로써 공양하였으나, 여러 번 사양하니 다시 황벽산에 살면서 조교(祖敎)를 펴기를 간곡히 청하였다. 그리고는 틈만 있으면 몸소 산꼭대기에 올라 뵙기도 하며, 현묘한 말씀을 듣고 싶으면 고을로 맞아들이기도 하였다.

배휴는 이미 조사의 마음을 통달하고 다시 뭇 교리를 열람하였으므로 제방의 참선자들이 모두 말하기를 배휴가 황벽의 문하에 헛되이 난 것이 아니라고 하였다. 선성(宣城)으로 벼슬을 옮기고서도 뵙고 싶은 생각이 나서 또 절을 짓고 영접하여 살게 하였다.

비록 규봉(圭峯)이 선과 교를 해박하게 통달하여 배공의 존중을 받았으나 황벽에게 마음을 기울여 복종하는 것과는 같을 수 없었다.

曰吾師眞善知識也。示人剋的。若是。何汩沒於此乎。寺眾愕然。自此延入府署留之供養執弟子之禮。屢辭不已。復堅請住黃檗山荐興祖敎。有暇即躬入山頂謁。或渴聞玄論即請師入州。公旣通徹祖心。復博綜敎相。諸方禪學。咸謂裴相不浪出黃檗之門也。至遷鎭宣城還思瞻禮。亦創精藍迎請居之。雖圭峯該通禪講爲裴之所重。未若歸心於黃檗而傾竭服膺者也。

또 규봉의 비문을 지었는데 거기에 말하기를 "나와 스님은 법으로는 형제요, 의리로는 벗이요, 은혜로는 선지식이요, 교리에 있어서는 안과 밖의 수호자였다."라고 하였으니, 이것으로도 알 수 있다.

그리하여 황벽의 어록을 모아 손수 서문을 지어서 책머리에 붙여 산문에 남겨두었다. 또 대장경 5백 함(函)의 제목을 손수 썼는데 지금껏 보존되어 있다.

또 규봉 선사가 『선원제전(禪源諸詮)』과 『원인론(原人論)』과 『원각경소주(圓覺經疏注)』와 『법계관(法界觀)』을 지었는데, 공(公)이 모두 서문을 지어 붙였다.

배휴의 아버지는 숙(肅)이요, 자는 중명(中明)이었다. 월주(越州)의 관찰사(觀察使)로 갔다가 3백 년의 예언에 맞추어 용흥사(龍興寺)의 큰 법당을 다시 지었다.

又撰圭峯碑云。休與師於法為昆仲。於義為交友。於恩為善知識。於教為內外護。斯可見矣。仍集黃檗語要。親書序引冠於編首留鎮山門。又親書大藏經五百函號迄今寶之。又圭峯禪師著。禪源諸詮原人論及圓覺經疏注法界觀。公皆為之序。公父肅字中明。任越州觀察使。應三百年讖記。重建龍興寺大佛殿。

그리고는 손수 비명(碑銘)을 지었다.[30]

自撰碑銘(先是越州沙門曇彦. 身長五尺. 眉垂數寸. 與檀越許詢字玄度. 同造塼木大塔二所. 彦有神異. 天降相輪. 能駐日倍工. 復從地引其膊至塔頂. 塔未就詢亡. 彦師壽長可百二十餘歲. 猶待得詢後身爲岳陽王來撫越州. 蓋願力也. 彦預告門人曰. 許玄度來也. 弟子咸謂師老耄言無準的. 許玄度死已三十餘載. 何云更來也. 時岳陽王早承誌公密示. 纔到州便入寺尋訪. 彦師出門佇望. 遙見乃召曰. 許玄度來何暮. 昔日浮圖今如故. 王曰. 弟子姓蕭各詧. 師何以許玄度呼之. 彦曰. 未達宿命焉得知之. 遂握手命入室席地. 彦以三昧力加被王. 忽悟前身造塔之事宛若今日. 由是二塔益資壯麗. 時龍興寺大殿墮壞. 眾請彦師重修. 彦曰. 非貧道緣力也. 却後三百年有緋衣功德主. 來興此殿大作佛事. 寺眾刻石記之. 及期裵太守赴任興隆三寶. 傾施俸錢修成大殿. 方曉彦師懸記無忒).

---

30) 이에 앞서 월주에 담언(曇彦)이라는 사문이 있었는데 키가 다섯 자요, 눈썹이 두어치나 되었다. 담언은 이름이 허순(許詢)이고 자(字)가 현도(玄度)라는 신도와 함께 벽돌과 나무로 두 곳에 탑을 세웠다. 담언은 신통이 있어 하늘에서 상륜(相輪)이 내려오기도 하고, 해를 멈추어서 곱절의 일을 하기도 했다. 다시 땅으로부터 쌓아올려 탑 정수리에 이르렀는데, 탑이 완공되기 전에 허순이 죽었다. 담언 대사는 나이가 120세가 되도록 허순이 다시 몸을 받아 악양왕(岳陽王)이 되어 월주를 다스리러 나오기를 기다리니 원력 때문이었다. 담언이 문인들에게 "허현도가 왔다." 하니, 제자들은 말하기를 "노스님은 망녕이시다. 허현도는 이미 30년 전에 죽었는데 어찌 다시 오겠는가?" 하였다. 이때에 악양왕은 벌써 지공(誌公)의 은밀한 계시를 받고 고을에 이르자 바로 절로 찾아왔다. 담언 대사가 문밖에 나서서 기다리다가 멀리서 보고 말하기를 "허현도는 어째서 이렇게 늦게 오는가? 옛날의 탑이 아직도 이렇다." 하니, 악양왕이 말하기를 "제자의 성은 소씨요, 이름은 찰인데 스님은 어찌 허현도라 하십니까?" 하였다. 담언이 말하기를 "숙명을 깨닫지 못하고 어찌 알겠는가?" 하며 손을 잡고 방으로 들어가서 자리를 권한 뒤에 담언이 삼매의 힘을 악양왕에게 불어 넣으니, 왕이 문득 전생에 탑을 짓던 일을 깨달았는데 마치 오늘처럼 생생하였다. 이 까닭에 두 탑이 더욱 장엄하게 되었다. 이때 용흥사 대전(大殿)이 무너지니 대중이 담언에게 중수(重修)해 줄 것을 청했으나 담언은 말하기를 "내 힘으로 될 일이 아니다. 이후 3백년 뒤에 붉은 명주옷을 입은 공덕주가 나타나서 이 절을 고치고 불사를 크게 일으키리라."고 하니, 이 일을 대중이 돌에다 기록해 두었는데, 기한이 되자 배태수가 부임하여 삼보를 일으키고 대전을 수리하니, 담언 대사의 예언이 틀리지 않음을 알게 되었다. (원주)

배휴가 부처님 경전을 독실히 믿어 법회(法會)에 깊이 든 발원문이 세상에 전한다.

公遂篤志內典深入法會。有發願文。傳於世。

 토끼뿔

"진영은 볼 수 있지만 고승은 어디에 있소?" 했을 때

대원은 "무엇을 보았습니까? 진영이 나 먼저 일렀습니다." 하리라.
"험."

회양(懷讓) 선사의 제5세
앞의 원주(袁州) 앙산(仰山) 혜적(慧寂) 선사의 법손

앙산(仰山) 서탑(西塔) 광목(光穆) 선사(제2세 주지)

광목 선사에게 어떤 승려가 물었다.
"어떤 것이 바른 들음입니까?"
대사가 말하였다.
"귀로 들어간 것이 아니다."
"어째서 그렇습니까?"
"듣기나 했는가?"

懷讓禪師第五世。前袁州仰山慧寂禪師法嗣。仰山西塔光穆禪師(第二世住)。僧問。如何是正聞。師曰。不從耳入。曰作麼生。師曰。還聞麼。

어떤 승려가 물었다.
"교리의 뜻과 조사의 뜻은 같은 것입니까, 다른 것입니까?"
대사가 말하였다.
"같고 다른 것은 그만두고, 그대는 병 주둥이에서 무엇이 들락날락 한다고 하겠는가?"

"어떤 것이 서쪽에서 오신 뜻입니까?"
"그대는 불성이 없다."

"어떤 것이 돈(頓)입니까?"
대사가 일원상을 그려 보이니, 그가 또 물었다.
"어떤 것이 점(漸)입니까?"
대사가 손으로 허공을 세 차례 튕겼다.

問祖意與教意同別。師曰。同別且置汝道瓶嘴裏什麼物出來入去。問如何是西來意。師曰。汝無佛性。問如何是頓。師作圓相示之。曰如何是漸。師以手空中撥三下。

토끼뿔

∽ "어떤 것이 바른 들음입니까?"했을 때

대원은 엄지를 세웠을 것이다.

∽ "교리의 뜻과 조사의 뜻은 같은 것입니까, 다른 것입니까?"했을 때

대원은 "경수는 탁류고, 위수는 청류다."하리라.

진주(晉州) 곽산(霍山) 경통(景通) 선사

경통 선사가 처음에 앙산(仰山)을 뵈러 가니, 앙산이 눈을 감고 앉아 있었다. 이에 대사가 말하였다.

"이러-하고 이러-하도다. 서천(西天)의 28조(祖)도 이러-했고, 중국의 6조도 이러-했고, 화상도 이러-하고, 경통도 이러-하도다."

이렇게 말하고는 오른쪽으로 돌고 한 발을 들고 서 있으니, 앙산이 일어나서 등나무 주장자로 네 차례 때렸다. 이로 인해 대사는 집운봉(集雲峯) 아래 등나무 주장자로 네 차례 맞은 천하의 대선불(大禪佛)이라 자칭하였다.

나중에 곽산에 살았는데 어떤 행자가 물었다.
"어떤 것이 불법의 대의입니까?"
대사가 절을 하니, 행자가 물었다.

晉州霍山景通禪師。初參仰山。仰山閉目坐。師曰。如是如是。西天二十八祖亦如是。中華六祖亦如是。和尚亦如是。景通亦如是。語訖向右邊翹一足而立。仰山起來打四藤杖。師因此自稱集雲峯下四藤條天下大禪佛。後住霍山。有行者問。如何是佛法大意。師乃禮拜。行者曰。

"화상은 어찌하여 속인에게 절을 하십니까?"

대사가 말하였다.

"그대는 도가 높은 이가 제자를 소중히 한다는 것을 보지 못했는가?"

대사가 어떤 승려에게 물었다.

"어디서 왔는가?"

승려가 방석을 번쩍 드니, 대사가 말하였다.

"용두사미(龍頭蛇尾)로구나."

"어떤 것이 부처입니까?"

대사가 때리니, 승려도 때렸다. 이에 대사가 말하였다.

"그대가 나를 때린 것은 도리가 있지만, 내가 그대를 때린 것은 도리가 없다."

승려가 대답을 못하니, 대사가 두들겨 쫓았다.

和尚爲什麽禮俗人。師曰。汝不見道尊重弟子。師問僧。什麽處來。僧提起坐具。師云。龍頭蛇尾。僧問。如何是佛。師打之。僧亦打師。師曰。汝打我有道理。我打汝無道理。僧無對。師乃打趁。

세상 인연이 다할 무렵에 장작을 먼저 들에다 준비하고, 여러 신자들에게 두루 하직한 뒤에 공양을 끝내고는 장작 있는 곳에 가서 제자들에게 말하였다.

"해가 한낮이 되거든 와서 알려라."

한낮이 되자 손수 횃불을 들고 장작더미 위로 올라가서 삿갓을 머리 뒤에다 세워 원광(圓光)같이 하고, 손에는 주장자를 들어 항마저(降魔杵)[31]의 모습을 나타낸 채 불길 속에 서서 열반하였다.

師化緣將畢。先備薪於郊野遍辭檀信。食訖行至薪所。謂弟子曰。日午當來報。至日午師自執燭登積薪上。以笠置頂後作圓光相。手執拄杖作降魔杵勢。立終於紅焰中。

---

31) 항마저(降魔杵) : 마군을 항복받을 때 쓰는 도구.

 토끼뿔

∽ "어떤 것이 불법의 대의입니까?" 했을 때

대원은 "논둑의 말뚝이니라." 하리라.

∽ "그대가 나를 때린 것은 도리가 있지만, 내가 그대를 때린 것은 도리가 없다." 했을 때

대원은 "내가 대사를 때린 것은 철저히 도리가 없고, 대사의 그런 말씀은 도리입니다." 하리라.

항주(杭州) 문희(文喜) 선사

문희 선사는 가화(嘉禾)의 어아(御兒) 사람으로 성은 주(朱)씨이다. 일곱 살에 출가했다가 당의 개성(開成) 2년에 조군(趙郡)에서 구족계를 받았다. 처음에 사분율(四分律)[32]을 공부하는데 때마침 회창(會昌) 사태를 만나 법복을 바치고 환속하여 자취를 감추었다가, 대중(大中) 초에 다시 승려가 되는 예에 따라 염관(鹽官)의 제봉사(齊峯寺)에서 재출가 하였다.

나중에 대자산(大慈山)의 성공(性空) 선사를 뵈니 성공이 말하였다.

"그대는 어찌하여 두루 다니면서 배우지 않는가?"

杭州文喜禪師。嘉禾御兒人也。姓朱氏。七歲出家。唐開成二年趙郡具戒。初習四分律。屬會昌廢教返服韜晦。大中初例重懺度於鹽官齊峯寺。後謁大慈山性空禪師。性空曰。子何不遍參乎。

---

[32] 사분율(四分律) : 법장부(法藏部)의 율장(律藏)으로, 전체 내용이 네 부분으로 나위어져 있다.

함통(咸通) 3년에 홍주(洪州)의 관음원(觀音院)에 가서 앙산을 뵙고, 말끝에 단박에 마음을 깨달았다. 앙산이 전좌(典座)[33] 소임을 맡겼다.

어느 날 이상한 승려가 와서 밥을 달라 하니, 대사는 자기의 몫을 나누어 먹였다. 앙산이 미리 알고서도 짐짓 물었다.
"아까 과위를 얻은 사람이 왔었는데 밥을 주었는가?"
"제 것을 돌이켜 그에게 주었습니다."
앙산이 말하였다.
"그대는 큰 이익을 얻었다."

함통 7년에 절우(浙右) 천경산(千頃山)에 올라 초막을 짓고 살았는데, 때마침 황소(黃巢)의 난을 만나 호주(湖州)로 피해 가서 인왕원(仁王院)에 살았다.

咸通三年至洪州觀音院見仰山。言下頓了心契。仰山令典常住。一日有異僧就求齋食。師減己分饋之。仰山預知問曰。適來果位人汝給食否。答曰。輟己迴施。仰山曰。汝大利益。七年旋浙右止千頃山築室而居。會巢寇之亂避地湖州住仁王院。

---

33) 전좌(典座) : 절에서 대중의 잡사를 도맡아 하는 직책.

광계(光啓) 3년에 전왕(錢王)이 용천(龍泉)의 관청에 살라고 청하였다.[34]

어떤 승려가 물었다.
"어떤 것이 열반의 형상입니까?"
대사가 말하였다.
"향 연기가 다하는 곳에서 체험한다."
"어떤 것이 불법의 대의입니까?"
대사가 말하였다.
"원주(院主)[35]를 불러오라. 이 승려가 미쳤구나."
"어떤 것이 자기입니까?"
대사가 잠자코 있으니, 그 승려가 어리둥절하여 다시 묻자 대사가 말하였다.
"푸른 하늘은 어리석어도 달 있는 곳을 향해서 날지 않는다."

光啓三年錢王請住龍泉廨署(今慈光院)。僧問。如何是涅槃相。師曰。香煙盡處驗。問如何是佛法大意。師曰。喚院主來這師僧患顚。問如何是自己。師默然。僧罔措。再問。師曰。青天蒙昧不向月邊飛。

---

34) 지금은 자광원이다. (원주)
35) 원주(院主) : 절의 살림살이를 맡아 하는 직책.

대순(大順) 원년에 전왕이 자의(紫衣)를 하사할 것을 청하였고, 건녕(乾寧) 4년에 또 대사의 호를 무착(無著)이라 주청하였다.

광화(光化) 2년에 병이 났는데, 10월 27일 밤 자시(子時)에 대중에게 이렇게 말하였다.

"삼계의 마음이 다하면 그것이 열반이니라."

말을 마치고 곧 가부좌를 맺은 채 임종하니, 수명은 80세이고, 법랍은 60세였다. 임종할 때에 방장실에서 흰 광채가 발하였는데 대나무가 같은 빛이 되었다. 11월 22일에 영은산(靈隱山) 서쪽 언덕으로 탑을 옮겨다 세웠다.[36]

大順元年錢王表薦賜紫衣。乾寧四年又奏師號曰無著。光化二[37]年示疾。十月二十七日夜子時告眾曰。三界心盡即是涅槃。言訖跏趺而終。壽八十。臘六十。終時方丈發白光竹樹同色。十一月二十二日遷塔靈隱山西塢(天祐二年宣城帥田頵應杭將許思叛換縱兵大掠。發師塔覩肉身不壞髮爪俱長。武肅王奇之。遣裨將邵志重封瘞焉)。

---

36) 천우 2년에 선성(宣城)의 원수(元帥) 전견이 항주 장수인 허사(許思)의 반란을 응징할 때, 허사가 많은 군사를 풀어 노략질하면서 대사의 탑을 파헤쳐 보니, 몸이 무너지지 않고 손톱과 머리카락이 자라고 있었다. 무숙왕(武肅王)이 신기하게 여겨 비장인 소지를 보내 탑을 다시 모으게 하였다. (원주)

37) 二가 송나라본에는 三으로 되어있다.

 토끼뿔

"어떤 것이 열반의 형상입니까?" 하니 "향 연기가 다하는 곳에서 체험한다." 했는데

기왕이면 체험한다는 단어를 쓰지 않았으면 좋았을 것을….

대원은 "산정에는 흰구름이요 호수에는 연꽃이다." 하리라.

신라(新羅) 오관산(五觀山) 순지(順支) 대사

순지 대사가 본국[신라]에 있었을 때 법호는 요오(了悟) 대사였다.
어떤 승려가 물었다.
"어떤 것이 서쪽에서 오신 뜻입니까?"
대사가 불자를 세우니, 승려가 말하였다.
"그것이면 되지 않습니까?"
대사가 불자를 던져 버렸다.

"이(以)자도 아니고 팔(八)자도 아니니, 그것이 무엇입니까?"
대사가 일원상을 그려 보였다.
어떤 승려가 대사의 앞에서 다섯 고리의 원상을 그리니, 대사가 지워 버리고 따로 일원상 하나만을 그렸다.

新羅五觀山順支。本國號了悟大師。僧問。如何是西來意。師豎拂子。僧曰。莫這箇便是。師放下拂子。問以字不成八字不是。是什麼字。師作圓相示之。有僧於師前作五花圓相。師畫破別作一圓相。

 토끼뿔

어떤 승려가 대사의 앞에서 다섯 고리의 원상을 그리니, 대사가 지워 버리고 따로 일원상 하나만을 그렸는데

대원이라면 지워 버린 자리에 우뚝 서서 "험." 했을 것이다.

앙산(仰山) 남탑(南塔) 광용(光涌) 선사

광용 선사[38]에게 어떤 승려가 물었다.
"문수는 7불의 스승인데 문수도 스승이 있습니까?"
"인연을 만나면 있다."
"어떤 것이 문수의 스승입니까?"
대사가 불자를 세워 보이니, 그 승려가 말하였다.
"그것이면 되지 않습니까?"
대사가 불자를 던지고 차수(叉手)를 하였다.

"어떤 것이 묘한 작용의 한 구절입니까?"
"물이 모여서 개울을 이루느니라."
"참 부처님은 어디에 계십니까?"
"말끝에 형상이 없다. 딴 곳에 있는 게 아니다."

仰山南塔光涌禪師。僧問。文殊是七佛師。文殊有師否。師曰。遇緣即有。曰如何是文殊師。師竪拂子示之。僧曰。莫這箇是麼。師放下拂子叉手。問如何是妙用一句。師曰。水到渠成。問眞佛住在何處。師曰。言下無相也不在別處。

---

38) 광용 선사(850 ~ 938).

 토끼뿔

༄ "문수는 7불의 스승인데 문수도 스승이 있습니까?" 했을 때

대원은 "그대의 콧등이 누설한다." 하리라.

༄ "어떤 것이 묘한 작용의 한 구절입니까?" 했을 때

대원은 "어떤 것이 아니던가?" 하리라.

༄ "참 부처님은 어디에 계십니까?" 했을 때

대원은 "장미꽃 머리니라." 하리라.

앙산(仰山) 동탑(東塔) 화상

동탑 화상에게 어떤 승려가 물었다.
"어떤 것이 군왕(君王)의 검(劍)입니까?"
대사가 말하였다.
"닻줄을 끊고도 공명을 찾지 않느니라."[39]
"쓰는 이는 어떤 이입니까?"
"요즘 사람들의 손에는 떨어지지 않느니라."
"법왕과 군왕이 만날 때에 어떠합니까?"
"두 손바닥에는 사사로움이 없느니라."
"만난 뒤에는 어떠합니까?"
"중간에 상(相)이 끊어졌느니라."

仰山東塔和尚。僧問。如何是君王劍。師曰。落纜不采功。僧曰。用者如何。師曰。不落時人手。問法王與君王相見時如何。師曰。兩掌無私。曰見後如何。師曰。中間絕像。

---

39) 물에서 전쟁을 할 때 물 속에 닻줄을 쳐서 적을 막는데, 그 줄을 끊고 온 이는 큰 공을 차지한다.

 토끼뿔

"어떤 것이 군왕(君王)의 검(劍)입니까?" 했을 때

대원은 "이것이다." 하고

"쓰는 이는 어떤 이입니까?" 하면

대원은 "쓴 적이 없다." 하고

"법왕과 군왕이 만날 때에 어떠합니까?" 하면

대원은 "공기에 향기니라." 하고

"만난 뒤에는 어떠합니까?" 하면

대원은 "날아간 새의 뒷길이니라." 하리라.

앞의 임제(臨濟) 의현(義玄) 선사의 법손

관계(灌谿) 지한(志閑) 선사

지한 선사[40]는 위부(魏府) 관도(館陶) 사람으로 성은 사(史)씨이다. 어려서 백암(柏巖) 선사에 의해 머리를 깎았고 20세에 구족계를 받았다.

나중에 임제 화상을 뵈니, 화상이 붙들고 말없이 보이고 놓아 주었다. 이에 대사가 말하였다.

"알았습니다."

그 뒤에 대중에게 말하였다.

前臨濟義玄禪師法嗣。灌谿志閑禪師。魏府館陶人也。姓史氏。幼從柏巖禪師披剃。二十受具。後見臨濟和尚。和尚搊住良久放之。師曰。領矣。往後謂眾曰。

---

40) 지한 선사(? ~ 895).

"내가 임제의 말없는 말을 보고 아직껏 배가 불러 시장한 줄 모른다."

"스님에게 빌릴 수 없는 것을 청합니다."

"내가 입 가득히 빌릴 수 없는 것을 말했느니라."

대사가 또 말하였다.

"대유령(大庾嶺)[41] 마루턱에서 부처를 안 적이 없고, 황매산(黃梅山)[42] 길에는 중생이 없다."

대사의 회상에 있던 어떤 승려가 석상(石霜)에게 가니, 석상이 물었다.

"어디서 오는가?"

"관계(灌谿)에서 옵니다."

"내가 북산에 머무는 것이 그가 남산에 머무는 것만 못하구나."

승려가 대답이 없었다.

我見臨濟無言語。直至如今飽不饑。問請師不借。師曰。我滿口道不借。師又曰。大庾嶺頭佛不會。黃梅路上沒眾生。師會下一僧去參石霜。石霜問。什麼處來。云灌谿來。石霜云。我北山住不如他南山住。僧無對。

---

41) 대유령(大庾嶺) : 6조 혜능 대사가 도명 존자를 깨우쳐준 고개.
42) 황매산(黃梅山) : 5조 홍인 대사가 머물렀던 산.

대사가 이 말을 전해 듣고 말하였다.
"다만 열반당(涅槃堂)을 다 고쳤구나라고 했어야 했다."

어떤 승려가 물었다.
"오랫동안 관계(灌谿)의 소문을 들었는데, 와서 보니 옹달샘뿐이구나."
"그대는 옹달샘만 보고 관계는 보지 못하는구나."
"어떤 것이 관계입니까?"
"쪼개고 지나가는 화살이 순식간이니라."[43]

"어떤 것이 옛 사람의 골수입니까?"
"편안치 못하구나."
"무엇이 편안치 못하다 하십니까?"
"해가 어찌 푸른 하늘을 가르치겠는가?"

師聞云。但道修涅槃堂了也。僧問。久嚮灌谿。到來只見漚麻池。師曰。汝只見漚麻池不見灌谿。僧曰。如何是灌谿。師曰。劈箭急(後人舉似玄沙。玄沙云。更學三十年未會禪)。問如何是古人骨。師曰。安置不得。曰為什麼安置不得。師曰。金烏那教下碧天。

---

43) 뒷사람이 현사(玄沙)에게 이 이야기를 하니, 현사가 "다시 30년을 배워도 선(禪)을 알지 못하리라." 하였다. (원주)

"황금 사슬이 끊어진 뒤에는 어떠합니까?"
"바로 네 처소의 법이니라."

"어떤 것이 미세함입니까?"
"돌이키기도 하고, 돌이키지 않기도 하느니라."
"마지막 일이 어떠합니까?"
"장육(丈六)⁴⁴⁾의 입도 꺼리느니라."

"어떤 것이 온통 빛입니까?"
"쫓지 마라."
"온통인 빛인 뒤에는 어떠합니까?"
"그대가 감당할 수 있는가, 없는가?"

"오늘의 한 모임은 누구를 상대한 것입니까?"
"범부도 성현도 위하지 않느니라."

問金鎖斷後如何。師曰。正是法汝處。問如何是細。師曰。迴換不迴換。曰末後事如何。師曰。忌丈六口頭。問如何是一色。師曰。不隨。曰一色後如何。師曰。有闍梨承當分也無。問今日一會抵敵何人。師曰。不爲凡聖。

---

44) 장육(丈六) : 높이가 일 장(丈) 육 척(尺)이 되는 불상, 부처님을 뜻함.

"일구(一句)란 어떤 것입니까?"
"천(千) 성인의 기틀에도 떨어지지 않느니라."

"어떤 것이 동정호의 물입니까?"
"사람을 씻지 않느니라."

대사가 당의 건녕 2년 을묘(乙卯) 5월 29일에 시자에게 물었다.
"앉아서 죽은 이가 누군가?"
"승가(僧伽)입니다."
"서서 죽은 이는 누군가?"
"승회(僧會)입니다."
이에 예닐곱 걸음을 걷다가 손을 드리운 채 열반하였다.

問一句如何。師曰。不落千聖機。問如何是洞中水。師曰。不洗人。師唐乾寧二年乙卯五月二十九日問侍者曰。坐死者誰。曰僧伽。立死者誰。曰僧會。乃行六七步垂手而逝。

토끼뿔

"어떤 것이 미세함입니까?" 했을 때

대원은 "그것이다." 하고

"마지막 일이 어떠합니까?" 하면

대원은 "그런 말이 없다." 하리라.

유주(幽州) 담공(譚空) 화상

어떤 비구니가 법당을 열어 설법을 하려 하니, 대사가 말하였다.
"비구니는 개당(開堂)[45]을 할 필요가 없다."
비구니가 말하였다.
"용녀(龍女)가 여덟 살에 부처를 이루었는데 또한 어찌시렵니까?"[46]
"용녀는 열여덟 가지 변화를 부렸다. 그대는 내 앞에서 한 가지라도 변화를 부려 봐라."
"변화를 부린다 하여도 들여우의 혼신입니다."
대사가 때려 쫓았다.

幽州譚空和尚。有尼欲開堂說法。師曰。尼女家不用開堂。尼曰。龍女八歲成佛又作麼生。師曰。龍女有十八變。汝與老僧試一變看。尼曰。變得也是野狐精。師乃打趁。

---

45) 개당(開堂) : 새로 임명된 주지가 절에 부임하여 처음으로 법을 설하는 것.
46) 『법화경』 제바달다품에 나오는 이야기. 용왕의 딸 용녀가 8세 때 부처님께 보배 구슬을 바치고 홀연지간에 남자의 몸으로 변하여 보살행을 갖추고 보배 연꽃에 앉아 등정각을 이루었다.

보수(寶壽) 화상이 물었다.
"중근기와 상근기 이외의 사람이 오면 사형께서는 어찌하겠습니까?"
대사가 말하였다.
"그대는 아까부터 그르쳤다."
"사형께서도 허물이 없지 않습니다."
"그대가 도리어 나의 사형이 되라."
보수가 손바닥을 기울이면서 말하였다.
"이 늙은 도적놈아."

寶壽和尚問。除却中上二根人來時師兄作麼生。師曰。汝適來擧早錯也。壽曰。師兄也不得無過。師曰。汝却與我作師兄。壽側掌云。這老賊。

토끼뿔

"용녀는 열여덟 가지 변화를 부렸다. 그대는 내 앞에서 한 가지라도 변화를 부려 봐라." 했을 때

대원은 "지금까지 무엇을 보았습니까?" 하리라.

진주(鎭州) 보수(寶壽) 소(沼) 화상(제1세 주지)

소(沼) 화상에게 어떤 승려가 물었다.
"만 경계가 와서 침범할 때에는 어찌하겠습니까?"
"관계 없다."
승려가 예배를 하니, 대사가 말하였다.
"꼼짝 마라. 움직이면 허리를 쳐서 꺾어 버리겠다."

조주(趙州) 종심(從諗) 선사가 왔는데 대사는 선상에서 조주 선사를 등지고 앉았다. 조주가 방석을 펴고 절을 하니, 대사는 일어나서 방장실로 들어갔고, 조주는 방석을 걷어들고 나갔다.

대사가 어떤 승려에게 물었다.
"어디서 왔는가?"
"서산(西山)에서 왔습니다."

鎭州寶壽沼和尙(第一世住)。僧問。萬境來侵時如何。師曰。莫管他。僧禮拜。師曰。不要動著。動著即打折汝腰。趙州諗和尙來。師在禪床背面而坐。諗展坐具禮拜。師起入方丈。諗收坐具而出。師問僧。什麼處來。曰西山來。

대사가 말하였다.

"원숭이 떼를 보았는가?"

"보았습니다."

"어떠한 재주를 부리던가?"

"저를 보더니 한 가지 재주도 부리지 못했습니다."

대사가 때렸다.

호정교(胡釘鉸)[47]가 오니, 대사가 물었다.

"그대가 호정교인가?"

"감히 그렇겠습니까?"

"허공에도 못을 박을 줄 아는가?"

"청하건대 화상은 쳐부숴 보십시오. 제가 박았습니다."

대사가 주장자로 때리니, 호정교가 말하였다.

"화상은 저를 잘못 때리지 마십시오."

師曰。見獼猴麼。曰見。師曰。作什麼伎倆。曰見某甲一箇伎倆也作不得。師打之。胡釘鉸參。師問。汝莫是胡釘鉸。曰不敢。師曰。還解釘得虛空否。曰請和尚打破。某甲與釘。師以拄杖打之。胡曰。和尚莫錯打某甲。

---

47) 호정교(胡釘鉸) : 본명은 호영능(胡令能)이고 선(禪)에 밝았다. 정교(釘鉸)란 못이라는 뜻인데, 어렸을 때부터 못을 박는 일을 업으로 하였으므로 세상 사람들이 그를 호정교라 불렀다.

"뒷날에 입바른 종사가 나서 그대를 점검해 주리라."[48]

"만 리에 조각구름도 없을 때가 어떠합니까?"
"푸른 하늘이라 해도 반드시 방망이를 맞아야 한다."

대사가 세상을 떠나려 할 때에 문인들에게 말하였다.
"너희들은 나의 행적을 아느냐?"
"화상께서는 일생 동안 장좌불와(長坐不臥)[49]를 하신 것으로 압니다."
대사가 문인들을 가까이 오라 하여 문인들이 가까이 가니, 대사가 말하였다.
"가거라, 내 권속이 아니구나."
말을 마치자 열반하였다.

師曰。向後有多口阿師與汝點破在(趙州云。只這一縫尚不奈何。乃代云。且釘這一縫)。問萬里無片雲時如何。師曰。青天亦須喫棒。師將順世。謂門人曰。汝還知我行履處否。對曰。知和尚一生長坐不臥。師又令近前。門人近前。師曰。去非吾眷屬。言訖而化。

---

48) 조주(趙州)가 말하기를 "이 한 솔기도 어쩌지 못하는구나." 하고, 대신 말하기를 "또한 못으로 이 한 솔기나 꿰매 봐라." 하였다. (원주)
49) 장좌불와(長坐不臥) : 오랜 기간 눕지 않고 앉아서 수행하는 것.

토끼뿔

"만 경계가 와서 침범할 때에는 어찌하겠습니까?" 했을 때

대원은 "배는 물 위에서 제 구실하고 학은 창공에서 멋 부린다." 하리라.

진주(鎭州) 삼성원(三聖院) 혜연(慧然) 선사

혜연 선사가 임제에게서 비결(秘訣)을 받은 뒤에 총림으로 두루 다니다가 앙산(仰山)에게 가니, 앙산이 물었다.
"그대의 이름이 무엇인가?"
"혜적(慧寂, 앙산)입니다."
"혜적이라면 내 이름이다."
"그럼 제 이름은 혜연으로 하겠습니다."
앙산은 껄껄 웃을 뿐이었다.

대사가 향엄(香嚴)에게 갔더니, 향엄이 물었다.
"어디서 왔는가?"
"임제에서 왔습니다."
"임제의 칼을 얻어 왔는가?"
대사가 날쌔게 방석을 들어 입을 치고 가버렸다.

鎭州三聖院慧然禪師。自臨濟受訣。遍歷叢林至仰山。仰山問。汝名什麽。師曰。名慧寂。仰山曰。慧寂是我名。師曰。我名慧然。仰山大笑而已。師到香嚴。嚴問。什麽處來。師曰。臨濟來。嚴曰。將得臨濟劍來麽。師以坐具驀口打而去。

대사가 덕산(德山)에게 가서 막 방석을 펴려는데, 덕산이 말하였다.

"펴지 마라. 여기에는 남은 밥도 없다."

"설사 있다 하여도 둘 곳이 없습니다."

덕산이 주장자로 대사를 때리니, 대사가 딱 붙들어 멈추고 이어 덕산을 밀어 선상 위로 올렸다. 이에 덕산이 껄껄 웃으니, 대사는 통곡하는 소리를 내면서 떠났다.

대사가 설봉(雪峯)에 있을 때에 설봉이 설법을 하였다.

"사람마다 다 온통인 낯의 옛 거울이 있고, 저 원숭이도 온통인 낯의 옛 거울이 있다."

이때에 대사가 나서서 물었다.

"여러 겁을 지나도록 이름이 없었거늘 화상께서는 어찌하여 옛 거울이라고 하십니까?"

"티가 생겼구나."

師到德山纔展坐具。德山云。莫展炊巾這裏無餕飯。師曰。縱有也無著處。德山以拄杖打師。師接住却推德山向禪床上。德山大笑。師哭蒼天而去。師在雪峯聞峯垂語云。人人盡有一面古鏡。這箇獼猴亦有一面古鏡。師出問。歷劫無名。和尚為什麼為古鏡。峯云。瑕生也。

대사가 꾸짖으면서 말하였다.
"저 노장이 화두도 모르는구나"
설봉이 말하였다.
"죄송하구나. 이 주지가 하는 일이 많았느니라."

대사가 보수(寶壽) 화상이 개당한 것을 보고, 한 승려를 밀어서 보수의 앞으로 세우니, 보수가 그 승려를 때렸다.
이때에 대사가 말하였다.
"장로가 만약 이와 같이 사람을 다스리다가는 온 진주 사람을 눈멀게 하리라."50)

師咄曰。這老和尚話頭也不識。峯云。罪過老僧住持事多。師見寶壽和尚開堂。師推出一僧在寶壽前。寶壽便打其僧。師曰。長老若恁麼爲人。瞎却鎭州一城人眼在(法眼云。什麼是瞎却人眼處)。

---

50) 법안(法眼)이 말하기를 "어디가 사람들의 눈을 멀게 하는 곳인가?" 하였다. (원주)

 토끼뿔

༄ 대사가 덕산(德山)에게 가서 막 방석을 펴려는데, 덕산이 말하기를 "펴지 말라. 여기에는 남은 밥도 없다." 하니, 대사가 "설사 있다 하여도 둘 곳이 없습니다." 하자, 덕산이 주장자로 대사를 때리니, 대사가 딱 붙들어 멈추고 이어 덕산을 밀어 선상 위로 올렸는데

대원이라면 주장자로 선상을 크게 쳤을 것이다.

༄ "여러 겁을 지나도록 이름이 없었거늘 화상께서는 어찌하여 옛거울이라고 하십니까?" 했을 때

대원은 "누구의 허물이냐?" 하리라.

위부(魏府) 홍화(興化) 존장(存獎) 선사

존장 선사가 어떤 승려에게 물었다.
"어디서 왔는가?"
승려가 말하였다.
"최(崔) 선사 회상에서 왔습니다."
"최 선사의 할을 얻어 왔는가?"
"가져오지 않았습니다."
"그러면 최 선사에게서 오지 않은 것이로구나."
승려가 할을 하니, 대사가 때렸다.

대사가 대중에게 말하였다.
"나는 그저 복도에서도 할을 하고, 뒷마루에서도 할을 하는 것을 들어왔는데, 그대들은 눈먼 할이나 제멋대로의 할은 하지 마라.

魏府興化存獎禪師。問僧。什麼處來。曰崔禪處來。師曰。將得崔禪喝來否。曰不將得來。師曰。恁麼即不從崔禪處來。僧喝之。師遂打。師謂眾曰。我只聞長廊也喝後架也喝。諸子汝莫盲喝亂喝。

설사 흥화에게 할을 해서 허공에 머무르게 하고, 다시 때려 눕혀 까무라치게 하더라도 흥화가 깨어나서는 그에게 '도에 있지 못하다.'라고 하리라.

무슨 까닭인가? 나는 일찍이 비단 장막 안을 향하여 진주(眞珠)를 뿌리듯 하나[51], 너희들 모두는 이렇지 못하니, 허공 속에서 어지럽게 할을 한들 무슨 소용이 있으랴."

대사가 유나인 극빈(克賓)에게 말하였다.
"그대가 오래지 않아서 많은 사람을 이끄는 스승이 되리라."
극빈이 말하였다.
"저 보사(保社)[52]한 무리에 들지는 않겠습니다."
"알고서 들지 않는 것인가, 알지 못해서 들지 않는 것인가?"
"그런 것과 관계가 없습니다."
대사가 때리고서 대중들에게 알리면서 말하였다.

直饒喝得興化向半天裏住。却撲下來氣欲絶。待興化蘇息起來。向汝道未在。何以故。我未曾向紫羅帳裏撒眞珠。與汝諸人。虛空裏亂喝作什麽。師謂克賓維那曰。汝不久當爲唱道之師。克賓曰。不入這保社。師曰。會了不入不會不入。賓云。總不與麽。師便打。乃白衆曰。

---

51) 진주를 비단 장막 안에 던지면 일시에 비단색을 띠나, 진주 본래의 색은 전혀 변함이 없다.
52) 보사(保社) : 민간에서 지방을 보호하는 자위대.

"극빈 유나는 법의 싸움에서 이기지 못했으므로 벌금 5관(貫)을 물고 대중에게 음식을 베풀게 되었으니, 밥을 먹을 수 없는 이는 곧 절 밖으로 나가라."

어떤 승려가 물었다.
"국사가 시자를 부르신 뜻이 무엇입니까?"
"한 소경이 여러 소경을 이끌고 가는 것이니라."
대사는 가끔 "아무개야." 하고 승려를 불러 승려가 대답하면 이렇게 말하였다.
"소리에 떨어지면 이르지 못한다"
또 다른 승려를 불러 대답하면 대사는 이렇게 말하였다.
"이르렀다면 소리에 떨어졌겠는가?"

대사가 나중에 후당(後唐)의 장종(莊宗)의 왕사가 되었는데, 어느 날 장종이 대사에게 말하였다.

克賓維那法戰不勝罰錢五貫設飯一堂仍不得喫飯即時出院。僧問。國師喚侍者意作麼生。師曰。一盲引眾盲。師有時喚僧某甲。僧應諾。師曰。點即不到。又別喚一僧。僧應諾。師曰。到即不點。師後為後唐莊宗師。莊宗一日謂師曰。

"짐이 양나라를 정복하고 값진 보배 구슬을 하나 얻었는데 아무도 값을 정하지 못하오."

대사가 말하였다.

"폐하시여, 구슬을 보여 주십시오."

황제가 손으로 복두(幞頭)[53]끈을 푸니, 대사가 말하였다.

"군왕의 보배에 누가 감히 값을 정하겠습니까?"[54]

대사가 입멸한 뒤에 광제 대사(廣濟大師)라 시호를 내렸고, 탑은 통적(通寂)이라 하였다.

朕收大梁得一顆無價明珠。未有人酬價。師曰。請陛下珠看。帝以手舒開幞頭脚。師曰。君王之寶誰敢酬價(玄覺徵云。且道興化肯同光不肯同光。若肯同光興化眼在什麼處。若不肯同光過在什麼處)。師滅後勅。諡廣濟大師。塔曰通寂。

---

53) 복두(幞頭) : 머리에 쓰는 관.
54) 현각(玄覺)이 말하기를 "흥화는 장종을 수긍한 것인가, 수긍하지 않은 것인가? 만일 수긍했다면 흥화의 안목은 어디에 있는가? 만일 수긍하지 않았다면 허물이 어디에 있는가?" 하였다. (원주)

 토끼뿔

∽ "최 선사의 할을 얻어왔는가?" 했을 때

대원은 "벌써 행했거늘 화상은 소리 있는 도리만 알지, 그 밖의 도리는 모르시는군요." 하리라.

∽ 황제가 손으로 복두끈을 풀었을 뿐인데, 홍화는 무엇을 보았기에 "군왕의 보배에 누가 감히 값을 정하겠습니까?"라고 하였겠는가? "말해 봐라, 말해 봐."

정주(定州) 선최(善崔) 선사

고을의 장수인 왕공(王公)이 관아에다 자리를 펴고 대사에게 설법을 청하니, 대사가 자리에 올라 말없이 보이고 대중에게 말하였다.
"나왔다 해도 때리고 나오지 않았다 해도 때린다."
이때에 담공(譚空) 화상이 나서면서 말하였다.
"최 선사여, 적(聻)!"
대사가 말하였다.
"오래 서 있었군요. 태위(太尉)[55]여, 안녕."
그리고는 내려갔다.

定州善崔禪師。州將王公於衙署張座請師說法。師陞座良久。謂眾曰。出來也打不出來也打。時譚空和尚出曰。崔禪聻。師曰。久立太尉珍重。便下座。

---

55) 태위(太尉) : 장군의 벼슬 이름.

 토끼뿔

"나왔다 해도 때리고 나오지 않았다 해도 때린다." 했을 때

대원은 "험. 나왔다 해도 때리고 나오지 않았다 해도 때리리라. 무어라 하겠는가?" 하리라.

진주(鎭州) 만세(萬歲) 화상

만세 화상에게 어떤 승려가 물었다.
"대중이 법당에 모였습니다. 무슨 말씀을 하시겠습니까?"
대사가 말하였다.
"서품(序品)이 제일이니라."

"승려의 마지막 일이 무엇입니까?"
"본래 다만 재를 부는 법이었는데, 어느 새에 단(壇) 머리를 향해 옷을 벗는다."

대사가 보수(寶壽)를 방문해서 처음 보자마자 방석을 펴니, 보수가 선상(禪床)에서 내려왔다. 대사가 얼른 그의 선상에 앉으니, 보수는 달음질로 방장실로 들어갔다.

鎭州萬歲和尙。僧問。大眾上來合譚何事。師曰。序品第一。問僧家究竟如何。師曰。本來只是吹灰法。却向壇頭卸却衣。師訪寶壽。初見便展坐具。寶壽即下禪床。師乃坐彼禪床。寶壽驟入方丈。

조금 있다가 지사(知事)[56]가 대사에게 말하였다.

"당두(堂頭) 화상이 벌써 문을 닫았으니, 화상은 고두(庫頭)[57]에게 가서 차나 마십시오."

대사는 이내 선원으로 돌아왔다.

이튿날 보수가 와서 다시 뵈니, 대사는 선상에 걸터앉아 있었다. 보수가 방석을 펴니, 대사도 자리에서 내려왔다. 보수가 또 대사의 선상에 앉으니, 대사는 방장실로 들어가서 문을 닫았다. 보수는 시자료(侍者寮)에 가서 재를 가져다가 방장실 앞에다 세 줄을 두르고는 물러갔다.

少頃知事白師曰。堂頭和尚已關却門也。請和尚庫頭喫茶。師乃歸院。翌日寶壽來復謁。師踞禪床。寶壽展坐具。師亦下禪床。寶壽還坐禪床。師歸方丈閉關。寶壽入侍者寮內取灰。於方丈前圍三道而退。

---

56) 지사(知事) : 절의 사무를 맡아보는 이.
57) 고두(庫頭) : 절의 재무를 맡아보는 이.

토끼뿔

"대중이 법당에 모였습니다. 무슨 말씀을 하시겠습니까?"했을 때

대원은 "이미 행해 마쳤거늘 알아채지 못했단 말인가?"하리라.

운산(雲山) 화상

어떤 승려가 서경(西京)에서 오니, 대사가 물었다.
"서경 주인의 서신이라도 가지고 왔는가?"
승려가 말하였다.
"감히 외람되게 소식을 전달할 수 없습니다."
"승려의 스승인 작가(作家)는 본래 있는 것이다."
"남은 국과 나물은 누가 먹겠습니까?"
"그대만이 먹기를 즐기지 않는구나."
그 승려가 토하는 시늉을 하니, 대사가 시자를 불러 말하였다.
"저 병든 승려를 나가도록 부축해 주어라."
그 승려가 나가 버렸다.

雲山和尚。有僧從西京來。師問。還得西京主人書來否。僧曰。不敢妄通消息。師曰。作家師僧天然有在。僧曰。殘羹殘菜誰喫。師曰。獨有闍梨不甘喫。其僧乃作吐勢。師喚侍者曰。扶出這病僧著。僧便出去。

 토끼뿔

"서경 주인의 서신이라도 가지고 왔는가?" 했을 때

대원은 "잘 읽으셨습니까?" 하리라.

동봉(桐峯) 암주

동봉 암주에게 어떤 승려가 물었다.
"화상께서는 이 가운데에서 홀연히 범을 만나면 어찌 하시겠습니까?"
대사가 울부짖는 소리를 하니, 그 승려가 두려워하는 시늉을 하였다. 대사가 크게 웃으니, 그 승려가 말하였다.
"늙은 도적이로군."
"이 노승을 어찌하겠는가?"

어떤 승려가 암자 앞에 왔다가 그대로 가니, 대사가 불렀다.
"사리여, 사리여."
그 승려가 고개를 돌리며 할을 하니, 대사가 말없이 보였다. 이에 그 승려가 말하였다.

桐峯菴主。僧問。和尚這裏忽遇大蟲作麼生。師作吼聲。僧作怖勢。師大笑。僧曰。這老賊。師曰。爭奈老僧何。有僧到菴前便去。師曰。闍梨闍梨。僧迴首便喝。師良久。僧曰。

"이 늙은이가 죽었구나."

대사가 때리니, 승려가 말이 없었다. 이에 대사가 크게 껄껄 웃었다.

어떤 승려가 암자에 들어와서 대사를 꼭 잡으니, 대사가 소리를 질렀다.

"사람 죽인다, 사람을 죽인다."

그 승려가 탁 밀치면서 말하였다.

"소리는 무엇 하러 지르시오?"

"누가?"

그 승려가 할을 하였다. 대사가 그를 때리니, 승려가 나가면서 고개를 돌리고 말하였다.

"또 모시겠습니다, 또 모시겠습니다."

대사가 크게 웃었다.

死却這老漢。師乃打之。僧無語。師呵呵大笑。有僧入菴把住師。師曰。殺人殺人。其僧推開曰。叫作麼。師曰。誰。僧乃喝。師打之。僧出迴首曰。且待且待。師大笑。

 토끼뿔

"사람 죽인다, 사람을 죽인다." 했을 때

할을 하고 웃으며 나와 버렸어야 했다.

삼양(杉洋) 암주

어떤 승려가 와서 뵈니, 대사가 물었다.
"누군가?"
승려가 말하였다.
"삼양 암주올시다."
"그것은 나다."
승려가 할을 하니, 대사가 헛기침을 하였다.
승려가 말하였다.
"오히려 방망이가 필요합니다."
대사가 바로 그를 때렸다.
승려가 물었다.
"암주께서는 어떤 도리를 얻었기에 이 산에 사십니까?"
"이낱〔箇〕[58] 내력을 통달하고자 함이다만, 또 남의 점검을 받을까 두렵구나."

杉洋菴主。有僧到參。師問。阿誰。曰杉洋菴主。師曰。是我。僧便喝。師作噓聲。僧曰。猶要棒在。師便打。僧問。菴主得什麽道理便住此山。師曰。也欲通箇來由。又恐遭人點檢。

---

58) 이낱〔箇〕: 선문(禪門)에서 자성(自性)을 가리키는 말.

승려가 말하였다.
"어떻게 모면하시렵니까?"
대사가 할을 하니, 그 승려가 말하였다.
"비슷하군요."
대사가 때리니, 그 승려가 껄껄 웃으면서 나갔다.
이에 대사가 말하였다.
"오늘은 크게 졌구나. 크게 졌어."

僧曰。又爭免得。師乃喝之。僧曰。恰是。師乃打。其僧大笑而出。師曰。今日大敗大敗。

토끼뿔

"오히려 방망이가 필요합니다." 하니, 대사가 바로 그를 때렸는데, 때리는 대사의 뜻이 무엇인가? 가려내 봐라.

탁주(涿州) 지의(紙衣) 화상

지의 화상이 처음에 임제를 뵙고 물었다.
"어떤 것이 사람은 빼앗고, 경계는 빼앗지 않는 것입니까?"
임제가 말하였다.
"봄볕이 퍼지니 땅에다 비단을 깐 듯하고, 풀어 내린 어린 아이의 머리가 흰 실타래 같다."
"어떤 것이 경계는 빼앗고, 사람은 빼앗지 않는 것입니까?"
"왕의 명령이 이미 천하에 퍼지니 변방 밖의 장군의 연기 같은 먼지가 끊어졌다."
"어떤 것이 사람과 경계를 모두 빼앗지 않는 것입니까?"
"왕이 보좌에 오르니 촌 늙은이가 왕을 칭송하는 노래를 부르느니라."

涿州紙衣和尚。初問臨濟。如何是奪人不奪境。臨濟曰。春煦發生鋪地錦。嬰兒垂髮白如絲。師曰。如何是奪境不奪人。曰王令已行天下遍。將軍塞外絕烟塵。師曰。如何是人境俱不奪。曰王登寶殿野老謳歌。

대사가 말하였다.

"어떤 것이 사람과 경계를 모두 빼앗는 것입니까?"

임제가 말하였다.

"병주(幷州)와 분주(汾州)의 소식이 끊기니 홀로 한 곳에 사느니라."

대사가 이 말에 깨닫고 삼현(三玄)·삼요(三要)·사구(四句)의 법문에 깊이 들어 교화가 두루 미쳤다.

師曰。如何是人境俱奪。曰幷汾絶信獨處一方。師於言下領旨。深入三玄三要四句之門。頗資化道。

 토끼뿔

"어떤 것이 사람과 경계를 모두 빼앗는 것입니까?" 했을 때

대원은 말없이 우뚝 서 있었으리라.

호계(虎谿) 암주

어떤 승려가 와서 방석을 들고 뵙기를 청했으나 대사가 돌아보지도 않으니, 그 승려가 말하였다.
"암주에게 이런 기풍(機風)이 있을 줄 알았습니다."
대사가 손가락을 한 번 튕겨서 소리를 냈다.
승려가 물었다.
"그게 무슨 종지(宗旨)입니까?"
대사가 갑자기 때리니, 승려가 말하였다.
"오늘 이르신 것은 사람들이 쓰는 편의에 떨어진 줄 알아야 할 것입니다."
"아직 방망이를 맞아야겠구나."

어떤 승려가 이제 막 문을 들어오는데, 대사가 할을 하니, 승려가 잠자코 있었다. 이에 대사가 때리니, 승려가 할을 하였다. 대사가 말하였다.

虎谿菴主。僧到抽坐具相看。師不顧。僧曰。知道菴主有此機風。師鳴指一聲。僧曰。是何宗旨。師便摑之。僧曰。知道今日落人便宜。師曰。猶要棒在。有僧纔入門。師便喝。僧默然。師打之。僧却喝。師曰。

"좋은 좀도적이구나."
승려가 이르러 문안 인사를 하려는데, 대사가 말하였다.
"누구인가?"
승려가 할을 하였다.
대사가 말하였다.
"그러한 즉 손과 주인이 없겠구나."
"두 번째 할이 필요하군요."
이번에는 대사가 할을 하였다.

어떤 승려가 물었다.
"화상은 어디 사람입니까?"
대사가 말하였다.
"농서(隴西) 사람이다."
"듣건대 농서에는 앵무새가 있다는데 사실입니까?"
"그렇다."

好箇草賊。僧到不審。師曰。阿誰。僧喝。師曰。得恁麼無賓主。僧曰。猶要第二喝在。師乃喝之。有僧問。和尚何處人事。師云。隴西人。僧云。承聞隴西有鸚鵡還實也無。師云。是。

승려가 말하였다.

"화상은 앵무새가 아니시지요?"

대사가 앵무새 소리를 내니, 승려가 말하였다.

"좋은 앵무새입니다."

대사가 곧 방망이로 때렸다.

僧云。和尚莫不是也無。師便作鸚鵡聲。僧云。好箇鸚鵡。師便棒之。

토끼뿔

"화상은 앵무새가 아니시지요?" 했을 때

때렸어야 했다.
"험."

복분(覆盆) 암주

복분 암주가 어떤 승려에게 물었다.
"어디서 왔는가?"
"복분산(覆盆山) 밑에서 왔습니다."
"암주를 보았는가?"
승려가 곧 할을 하였다.
대사가 얼른 때리니, 승려가 말하였다.
"왜 그러십니까?"
대사가 또 할을 하였다.

어느 날 어떤 승려가 산 밑에서 곡을 하면서 올라오니, 대사가 절문을 닫았다. 승려가 문에다 일원상을 그려 놓으니, 대사는 암자 뒷문으로 빠져나가 산 밑으로 가서 곡을 하면서 올라왔다. 이에 그 승려가 할을 하면서 말하였다.
"아직도 저런 짓을 하는구나."

覆盆菴主。問僧。什麼處來。曰覆盆山下來。師曰。還見菴主否。僧便喝。師便掌。僧曰。作麼。師又喝。一日有僧從山下哭上。師閉庵門。僧於門上畫一圓相。師從菴後出却從山下哭上。僧喝曰。猶作這箇去就在。

대사가 두 손으로 번갈아 가슴을 치면서 말하였다.
"선사(先師)를 이 한 자리에 묻다니 애석하도다."
승려가 말하였다.
"간절도 하셔라."
대사가 말하였다.
"암주가 속았구나."

師便換手搥胸曰。可惜先師一場埋沒。僧曰。苦苦。師曰。菴主被謾。

 토끼뿔

"어디서 왔는가?" 하니 "복분산(覆盆山) 밑에서 왔습니다." 하고, "암주를 보았는가?" 하자 승려가 할을 하니, 대사가 얼른 때렸는데

대사가 얼른 때리려 할 때, 승려는 때리려는 팔을 날쌔게 잡고 춤을 추었어야 했다.
"험."

양주(襄州) 역촌(歷村) 화상

역촌 화상이 차를 달이는데, 어떤 승려가 물었다.
"어떤 것이 조사께서 서쪽에서 오신 뜻입니까?"
대사가 차 숟가락을 번쩍 드니, 승려가 말하였다.
"그것이면 되지 않습니까?"
대사가 다시 불에다 던졌다.

"어떤 것이 그 음성을 관(觀)하여 해탈을 얻는 것입니까?"
대사가 부젓가락으로 부목(負木)[59]을 때리면서 말하였다.
"그대가 들었는가?"
"들었습니다."
"누가 해탈을 얻지 못했다는 것인가?"

襄州歷村和尚煎茶次。僧問。如何是祖師西來意。師舉茶匙子。僧曰。莫只這便當否。師擲向火中。問如何是觀其音聲而得解脫。師將火筋打柴頭問。汝還聞否。曰聞。師曰。誰不解脫。

---

[59] 부목(負木) : 절에서 땔나무를 관리하는 스님.

토끼뿔

"그것이면 되지 않습니까?" 했을 때

"무슨 도리를 보았기에 하는 말인가?" 하고, 한 번 짚어보아서 그 승려가 하는 것을 보아 응병여약(應病與藥)했어야 했다.

창주(滄州) 미창(米倉) 화상

군수가 대사와 보수(寶壽) 화상을 관청으로 청해서 공양을 올리고자 하여 사람을 보내 이렇게 말하였다.
"바라오니 두 장로께서 불법을 말씀해 주십시오."
보수가 말하였다.
"사형님께서 회답을 하십시오."
대사가 할을 하니, 보수가 말하였다.
"저는 물은 바도 없는데 어찌 할을 하십니까?"
대사가 말하였다.
"오히려 모자람이 있다."
보수가 문득 할을 하였다.

滄州米倉和尙。州牧請師與寶壽和尙入廳供養。令人傳語。請二長老譚論佛法。壽曰。請師兄長老答話。師喝之。壽曰。某甲尙未借問何便行喝。師曰。猶欠少在。壽却與一喝。

 토끼뿔

"사형님께서 회답을 하십시오." 했을 때

대원이라면 "군수께서 공양을 올리고자 사람을 불러 시킬 때 불법은 이미 온전히 드러난 것이니 군수와 공양 때는 무위가(無爲歌)나 불러봅시다."라고 해서 보냈을 것이다.

목주(睦州) 진(陳) 존숙(尊宿)의 법손

목주(睦州) 자사(刺史) 진조(陳操)

자사(刺史) 진조(陳操)가 승려들에게 공양을 올리다가 떡 하나를 집어 들면서 승려에게 물었다.
"강서(江西)나 호남(湖南)에도 이런 것이 있습니까?"
승려가 대답하였다.
"상서(尙書)는 아까 무엇을 잡수셨습니까?"
진조가 말하였다.
"종을 치니 메아리가 울립니다."

睦州陳尊宿法嗣。睦州刺史陳操。與僧齋次。拈起餬餅問僧。江西湖南還有這箇麽。僧曰。尚書適來喫什麽。陳曰。敲鍾謝響。

또 어느 날 승려들에게 공양을 올리는데 몸소 떡을 돌렸다.
어떤 승려가 손을 펴서 받으려 할 때, 진조가 손을 거두니, 승려가 말이 없었다. 이에 진조가 말하였다.
"과연, 과연이로다."

다른 날 승려에게 물었다.
"어떤 일이 생겼는데 스님과 상의를 할 수 있겠습니까?"
승려가 말하였다.
"개 주둥이를 다물어라."
진조가 제 가슴을 치면서 말하였다.
"진조의 잘못이오."
승려가 말하였다.
"허물을 알면 반드시 고쳐야 합니다."
진조가 말하였다.
"그렇다면 스님의 입을 빌려서 밥을 먹어야겠군요."

又一日齋僧次躬行餅。僧展手接。陳乃縮手。僧無語。陳曰。果然果然。異日問僧曰。有箇事與上座商量得麼。僧曰。合取狗口。陳自摑曰。操罪過。僧曰。知過必改。陳曰。恁麼即乞上座口喫飯。

또 스님들에게 공양을 올리는데 손수 밥을 돌리다가 말하였다.
"스님, 시식을 하십시오."
상좌가 말하였다.
"삼덕(三德)[60]과 육미(六味)로다."
"틀렸습니다."
상좌가 대답이 없었다.

관속들과 누각(樓閣)에 올랐는데 승려 몇 사람이 오고 있었다. 이에 어떤 관리가 말하였다.
"저기 오는 이들은 모두가 행각하는 스님이지요?"
진조가 말하였다.
"아닙니다."
"어떻게 아닌 줄 아십니까?"
"가까이 오거든 차례차례 물어봅시다."
승려들이 누각 앞을 지날 때에 진조가 갑자기 "상좌여." 하고 부르니, 승려들이 모두 돌아보았다.

又齋僧自行食次日。上座施食。上座曰。三德六味。陳曰。錯。上座無對。又與寮屬登樓次。有數僧行來。一官人曰。來者總是行脚僧。陳曰。不是。曰焉知不是。陳曰。近前與問相次。諸僧樓前行過。陳驀喚上座。僧皆迴顧。

---

60) 삼덕(三德) : 지덕(知德)·단덕(斷德)·은덕(恩德). 또는 법신덕(法身德)·반야덕(般若德)·해탈덕(解脫德)을 뜻함.

이에 진조가 관리에게 말하였다.
"내 말이 맞지 않느냐?"

참선하는 이에게 게송을 주었다.

참선자에게 현묘한 기틀이 있다 하나
현묘한 기틀이라 해도 또한 그르다
기틀 이전의 종지를 깨닫고자 하지만
모두가 말에 떨어져 어긋나고 있구나

陳謂諸官曰。不信道。又與禪者頌曰。
禪者有玄機
機玄是復非
欲了機前旨
咸於句下違

 토끼뿔

◌ "강서(江西)나 호남(湖南)에도 이런 것이 있습니까?" 했을 때

대원은 "없는 곳이나 대보시지요." 하리라.

◌ 어느 날 승려들에게 공양을 올리는데 몸소 떡을 돌리니, 어떤 승려가 손을 펴서 받으려 할 때 진조가 손을 거두었는데,

진조가 손을 거두려 할 때, 재빨리 낚아채서 먹었어야 했다.

◌ 진조가 스님들에게 공양을 올리는데 손수 밥을 돌리다가 "스님, 시식을 하십시오." 했을 때

밥을 엎어 버리고 "대중이여, 시식하라." 했어야 했다.

앞의 향엄(香嚴) 지한(智閑) 선사의 법손

길주(吉州) 지관(止觀) 화상

지관 화상에게 어떤 승려가 물었다.
"어떤 것이 비로자나불의 스승입니까?"
대사가 멱살을 잡고 한 대 갈겼다.

"어떤 것이 돈(頓)입니까?"
"양(梁)도 진(陳)도 아니니라."

前香嚴智閑禪師法嗣。吉州止觀和尚。問如何是毘盧師。師攔胸與一托。問如何是頓。師云。非梁陳。

 토끼뿔

"어떤 것이 돈(頓)입니까?" 했을 때

대원은 "돈이니라." 하리라.

수주(壽州) 소종(紹宗) 선사

소종 선사에게 어떤 승려가 물었다.
"어떤 것이 서쪽에서 오신 뜻입니까?"
대사가 말하였다.
"좋은 일은 문 밖을 나가지 않고, 나쁜 일은 천 리까지 전해지느니라."

어떤 관원이 대사에게 말하였다.
"들으니 강서는 종지를 세우지 않는다 하더군요."
"인연을 만나면 세운다."
"인연을 만나면 무엇을 세우십니까?"
"강서(江西)는 종지를 세우지 않는다."

壽州紹宗禪師。問如何是西來意。師曰。好事不出門惡事傳千里。有官人謂師曰。見說江西不立宗。師曰。遇緣即立。曰遇緣立箇什麽。師曰。江西不立宗。

 토끼뿔

"어떤 것이 서쪽에서 오신 뜻입니까?" 했을 때

대원은 "요령을 옮기니 소리가 나더라." 하리라.

양주(襄州) 연경(延慶) 법단(法端) 대사

법단 대사의 호는 소진(紹真)이다.
어떤 관원이 물었다.
"지렁이를 두 토막으로 끊으면 두 토막이 모두 뛰는데, 불성은 어느 쪽에 있습니까?"
대사가 두 손을 쫙 폈다.[61]

襄州延慶法端號紹真大師。官人問。蚯蚓斬兩段兩頭俱動。佛性在阿那頭。師展兩手(洞山別云。即今問底在那箇頭。此又收在十一卷溈山下何也)。

---

61) 동산(洞山)이 따로 말하기를 "지금 묻는 것은 어디에 있느냐?" 하였다.
　　이것이 11권 위산의 전기에도 있으니 어찌된 일인가? (원주)

토끼뿔

"지렁이를 두 토막으로 끊으면 두 토막이 모두 뛰는데, 불성은 어느 쪽에 있습니까?" 했을 때

대원은 기지개를 켰을 것이다.

익주(益州) 남선(南禪) 무염(無染) 대사

무염 대사에게 어떤 이가 물었다.
"구절 없는 구절을 스님께서는 대답하실 수 있습니까?"
대사가 말하였다.
"예로부터 지금까지 다만 이 일만을 밝혔느니라."
"끝내 어떠합니까?"
"또 보면서 묻는구나."

　　益州南禪無染大師。問無句之句師還答也無。師曰。從來只明恁麼事。僧曰。畢竟如何。師曰。且問看。

 토끼뿔

"구절 없는 구절을 스님께서는 대답하실 수 있습니까?" 했을 때

대원은 "게는 옆으로 걷고 개구리는 앞으로 뛴다." 하리라.

익주(益州) 장평산(長平山) 화상

장평산 화상에게 어떤 이가 물었다.
"눈을 깜박여도 미치지 못하는 곳이 어떠합니까?"
대사가 말하였다.
"나는 눈을 깜짝이는 것으로 공부라 하지 않는다."

"어떤 것이 조사의 뜻입니까?"
"서천에서 왔다가 당토(唐土)에서 떠났느니라."

益州長平山和尚。問視瞬不及處如何。師曰。我眨眼也勿工夫。問如何是祖師意。師曰。西天來唐土去。

🐦 토끼뿔

"눈을 깜박여도 미치지 못하는 곳이 어떠합니까?" 했을 때

대원은 "그런 말이 없다." 하리라.

익주(益州) 숭복(崇福) 연교(演教) 대사

연교 대사에게 어떤 이가 물었다.
"어떤 것이 너그럽고 가없는 말입니까?"
대사가 말하였다.
"입으로는 말할 수 없다."

"어떤 것이 서쪽에서 오신 뜻입니까?"
"오늘과 내일이니라."

　益州崇福演教大師。問如何是寬廓之言。師曰。無口道得。問如何是西來意。師曰。今日明日。

 토끼뿔

"어떤 것이 너그럽고 가없는 말입니까?" 했을 때

대원은 "저 등대의 말이다." 하리라.

안주(安州) 대안산(大安山) 청간(淸幹) 선사

청간 선사에게 어떤 이가 물었다.
"위로부터의 여러 성인들은 무엇으로 증득했습니까?"
대사가 이마를 쳤다.

"어떤 것이 서쪽에서 오신 뜻입니까?"
"양 수레로 밝은 달을 밀었다."

安州大安山淸幹禪師。問從上諸聖從何而證。師乃斫額。問如何是祖師西來意。師曰。羊頭車子推明月。

 토끼뿔

"위로부터의 여러 성인들은 무엇으로 증득했습니까?" 했을 때

대원은 할을 했을 것이다.

종남산(終南山) 풍덕사(豊德寺) 화상

풍덕사 화상에게 어떤 이가 물었다.
"어떤 것이 화상의 가풍입니까?"
대사가 말하였다.
"일을 대할 때마다 마치 낯 앞에 담장이 가리는 것과 같다."
"어떤 것이 본래의 일입니까?"
"끝까지 다른 사람에게 묻지 마라."

終南山豊德寺和尙。問如何是和尙家風。師曰。觸事面牆。問如何是本來事。師曰。終不更問人。

 토끼뿔

"어떤 것이 화상의 가풍입니까?" 했을 때

대원은 "모두니라." 하리라.

균주(均州) 무당산(武當山) 불암휘(佛巖暉) 선사

불암휘 선사에게 어떤 이가 물었다.
"근년에 병이 있어서 또 약에 중독되었습니다. 화상께서 고쳐 주십시오."
대사가 말하였다.
"이의탕(二宜湯)62) 한 잔을 먹어라."

"어떤 것이 부처님의 일체를 초월했다는 것마저 세우지 않는 일입니까?"
"소라 상투63)이니라."

均州武當山佛巖暉禪師。問頃年有疾又中毒藥。請師醫。師曰。二宜湯一椀。又問。如何是佛向上事。曰螺髻子。

---

62) 이의탕(二宜湯) : 설사(泄瀉), 복통후중(腹痛後重), 심복번민(心腹煩悶) 등의 치료에 사용되는 탕약 이름.
63) 소라 상투 : 소라 모양으로 틀어 짠 상투.

토끼뿔

 "근년에 병이 있어서 또 약에 중독되었습니다. 화상께서 고쳐 주십시오." 했을 때

 대원은 "인사도 하기 전에 베풀었거늘 아직도 먹지 못했단 말이냐?" 하리라.

강서(江西) 여산(廬山) 쌍계(雙谿) 전도자(田道者)

전도자에게 어떤 이가 물었다.
"어떤 것이 마주 쪼는[64] 기틀입니까?"
대사가 손으로 쪼는 시늉을 하였다.

"어떤 것이 서쪽에서 오신 뜻입니까?"
"어디서 그렇게 묻는가?"

江西廬山雙谿田道者。問如何是啐啄之機。師以手作啄勢。問如何是西來意。師曰。什麼處得箇問頭來。

---

64) 병아리가 알에서 나오기 위해서 새끼와 어미닭이 안팎에서 동시에 서로 마주 쪼는 것을 이른다. 줄탁동시(啐啄同時).

 토끼뿔

"어떤 것이 서쪽에서 오신 뜻입니까?" 했을 때

대원은 "묻는구나." 하리라.

앞의 복주(福州) 쌍봉(雙峯) 화상의 법손

쌍봉(雙峯) 고(古) 선사(제2세)

고(古) 선사는 본래 경을 강의하였는데 쌍봉에 올라갔다가 쌍봉(雙峯)을 뵙고 절을 하니, 쌍봉이 물었다.
"대덕은 어디에 사는가?"
대사가 말하였다.
"성 안에 삽니다."
"평소에도 나를 생각했는가?"
"항상 화상을 생각했으나 뵐 기회가 없었습니다."
"그 생각하는 것이 바로 대덕이다."

前福州雙峯和尚法嗣。雙峯古禪師(第二世)。本業講經。因上雙峯禮謁。雙峯問。大德什麼處住。曰城裏住。雙峯曰。尋常還思老僧否。曰常思和尚無由禮覲。雙峯曰。只這思底便是大德。

대사가 이로부터 깨닫고, 본사로 돌아가서 살던 곳을 버리고 경을 강의하기를 그치고는 산으로 들어와서 몇 해 동안 시봉을 하였다.

나중에 석상(石霜)에 가서 그저 대중을 따를 뿐 전혀 묻는 일이 없으니, 대중들이 모두 말하기를 "고(古) 시자는 일찍이 쌍봉의 인가를 받았다."라고 하였는데, 종종 석상의 귀에까지 들렸다.

석상이 그의 깨달은 바를 시험해 보고자 했으나 기회를 얻지 못했는데, 대사가 석상에게 하직을 고할 때에 석상이 불자를 들고 문 밖에까지 전송을 나왔다가 불렀다.

"고 시자여!"

대사가 고개를 돌리니, 석상이 말하였다.

"헤아리면 어긋나고 옳다 해도 어기게 된다. 헤아려서도 안 되고 옳다 해서도 안 된다는 앎도 짓지 말라. 아는 것을 버리려 하지도 말고 능히 안다고도 말라. 잘 가라, 잘 가."

師從此領旨即歸本寺。捨所居罷講入山執侍數年。後到石霜但隨眾而已。更不參請。眾僉謂。古侍者甞受雙峯印記。往往聞於石霜。霜欲詰其所悟。而未得其便。師因辭石霜。霜將拂子送出門首。召曰。古侍者。師迴首。石霜曰。擬著即差。是著即乖。不擬不是。亦莫作箇會。除非知有。莫能知之。好去好去。

대사가 그러겠다고 대답하고서 그 길로 돌아오니, 때마침 쌍봉이 입적하여 대사가 대를 이어서 주지가 되었다.

어떤 승려가 물었다.

"화상께서 당시 석상께 대답하셨을 때에 석상께서 그렇게 말한 뜻이 무엇입니까?"

"그저 날더러 집착할 시비마저 없다 하셨느니라."[65]

師應諾諾。即前邁尋屬雙峯歸寂。師乃繼續住持。僧問。和尚當時祗對石霜。石霜恁麼道意作麼生。師曰。只教我不著是非(玄覺云。且道他會石霜意不會)。

---

65) 현각(玄覺)이 말하기를 "말해 봐라. 그가 알았다 하면 석상의 뜻을 알지 못한 것이다." 하였다. (원주)

 토끼뿔

"화상께서 당시 석상께 대답하셨을 때에 석상께서 그렇게 말한 뜻이 무엇입니까?" 했을 때

대원은 "정직한 답은 울산바위가 잘한다." 하리라.

앞의 경산(徑山) 제3세 홍인(洪諲) 선사의 법손

홍주(洪州) 미령(米嶺) 화상

미령 화상은 평상시에 이렇게 말하였다.
"이보다 더한 것이 없다."
어떤 승려가 물었다.
"무엇을 이보다 더한 것이 없다 하십니까?"
"이것에서 벗어나지 못한다."[66]

前徑山第三世洪諲禪師法嗣。洪州米嶺和尚。尋常垂語曰。莫過於此。僧問。未審是什麼莫過於此。師曰。不出是(其僧後問長慶。爲什麼不出是。慶云汝擬喚作什麼)。

---

[66] 그 승려가 나중에 장경(長慶)에게 묻기를 "무엇이 이것에서 벗어나지 못하는 것입니까?"하니, 장경이 말하기를 "그대는 이것을 무엇이라 불러야 할 것으로 여기느냐?"하였다. (원주)

 토끼뿔

"무엇을 이보다 더한 것이 없다 하십니까?"에 대해

대원은 "이대로일 뿐이다." 하리라.

앞의 양주(揚州) 광효원(光孝院) 혜각(慧覺) 화상의 법손

승주(昇州) 장경(長慶) 도헌(道巘) 선사

도헌 선사는 여주(廬州) 사람으로 성은 유(劉)씨이다. 처음에 혜각 화상을 뵙고 모시다가 미묘한 말씀에 깨닫고, 호남(湖南)의 대광산(大光山)에서 머리를 깎았다. 교화의 인연이 널리 퍼지게 되자 청을 받아 승주(昇州)의 장경(長慶) 선원에 살았다.

어느 날 법상에 올라 대중에게 말하였다.

前揚州光孝院慧覺和尚法嗣。昇州長慶道巘禪師。廬州人也。姓劉氏。初參侍覺和尚。便領悟微言。即於湖南大光山剃度。暨化緣彌盛。受請止昇州長慶禪苑。師一日上堂謂眾曰。

"미륵세존께서 아침에 절에 들어왔다가 저녁에 정각(正覺)을 이루시고는 게송을 말씀하셨다.

삼계의 높고 낮은 법을
나는 모두 마음이라 하니
저 모든 마음의 법을 여의고는
다시 얻을 수 있는 법이 없다

그분이 이렇게 말한 것을 보니 혹은 아주 분명하게 안 것 같지만, 우리 종문의 제자들과 견주어 보면 역시 둔한 이였다. 그러므로 한 생각에 도를 보아 삼세의 망정을 다하면 마치 허공에 도장을 찍은 것 같아서 다시는 앞과 뒤가 없다.

彌勒世尊朝入伽藍暮成正覺。乃說偈曰。
三界上下法
我說皆是心
離於諸心法
更無有可得
看他恁麼道也大殺惺惺。若比吾徒猶是鈍漢。所以一念見道三世情盡。如印印空更無前後。

대중들이여, 나고 죽는 일을 분명히 알아서 등한히 하지 말라. 업식이 망망하여 자기를 미혹한 것은 물건을 쫓은 까닭이니라.

세존께서 열반에 드시려 할 때에 문수가 다시 법륜(法輪)을 굴리시기를 청하니, 부처님께서 문수를 꾸짖으면서 말씀하시기를 '나는 49년 동안 세상에 머물면서 말했으나 한 글자도 사람들에게 준 일이 없는데, 이제 네가 나에게 다시 법륜을 굴리라 하니, 이는 내가 일찍이 법륜을 굴렸다는 것이 된다.'라고 하셨다.

그러나 지금 이 대중에게 나그네와 주인을 설정하여 문답을 하는 것은 어쩔 수 없는 일로서 초심자를 위했을 뿐이다."

어떤 승려가 물었다.
"어떤 것이 장경(長慶)의 경지입니까?"
대사가 말하였다.
"그대가 밝혀 봐라."

諸子生死事大快須薦取。莫為等閑。業識茫茫。蓋為迷己逐物。世尊臨入涅槃。文殊請佛再轉法輪。世尊咄文殊。言吾四十九年住世。不曾一字與人。汝請吾再轉法輪。是謂吾曾轉法輪也。然今時眾中建立箇賓主問答。事不獲已蓋為初心爾。僧問。如何是長慶境。師曰。闍梨履踐看。

"어떤 것이 불법의 대의입니까?"
"옛 사람이 말하지 않았는가? 오늘이 3월 3일이구나."
"학인이 잘 모르겠습니다."
"그만둬라. 말하지 않겠다. 내 법은 묘하여 생각으로는 어려우니라."
그리고 자리에서 내려왔다.

함평 2년에 입적하였다.

問如何是佛法大意。師曰。古人豈不道。今日三月三。僧曰。學人不會。師曰。止止不須說。我法妙難思。便下座。咸平二年歸寂。

토끼뿔

"어떤 것이 장경의 경지입니까?" 했을 때

대원은 "장경이니라." 하리라.

회양(懷讓) 선사의 제6세
앞의 앙산(仰山) 남탑(南塔) 광용(光涌) 선사의 법손

월주(越州) 청화(淸化) 전부(全付) 선사

전부 선사는 오군(吳郡) 곤산(崑山) 사람이다. 아버지는 장사꾼이었는데, 대사가 따라서 예장(豫章)에 갔다가 선원에 성대한 모임이 있다는 말을 듣고 출가할 뜻을 말하였다.

대사는 곧 강하(江夏)로 가서 청평(淸平) 대사에게 귀의하니 청평이 물었다.

懷讓禪師第六世。前仰山南塔光涌禪師法嗣。越州淸化全付禪師。吳郡崑山人也。父賈販。師隨至豫章。聞禪會之盛遂啟求出家。卽詣江夏投淸平大師。淸平問曰。

"그대는 무엇을 구하러 왔는가?"

"법을 구합니다."

청평이 뛰어나게 여겨 받아 주니 얼마 지나서 계를 받고 더욱 부지런히 시봉을 하였다. 그러다가 어느 날 혼자 생각하였다.

"배움에는 일정한 스승이 없거늘 어찌 여기에 만족하여 묶여 있으랴."

그리고는 곧 하직하고 떠나서 의춘(宜春)에 있는 앙산(仰山)으로 가서 남탑의 광용 화상을 뵈니, 광용이 물었다.

"어디서 왔는가?"

대사가 말하였다.

"악주(鄂州)에서 왔습니다."

"악주의 군수는 이름이 무엇인가?"

"교화한다고 내려와 감히 서로 더럽히려 마십시오."

"이 경지에서는 두루 통하여 두려워할 것이 없다."

"대장부가 어찌 꼭 시험을 치러야 하겠습니까?"

광용이 흔연히 웃었다.

汝來何求。曰求法也。清平異而攝受之。尋登戒度奉事彌謹。一旦自謂曰。學無常師豈宜匏繫於此乎。即辭抵宜春仰山禮南塔涌和尚。涌問。從何而來。師曰。鄂州來。涌曰。鄂州使君名什麽。曰化下不敢相觸。涌曰。此地通不畏。師曰。大丈夫何必相試。涌軒然而笑。

마침내 인가를 받고 여릉(廬陵)으로 가니, 안복현(安福縣)의 원님이 그를 위해 응국선원(應國禪院)을 지어주고 맞아들여 그 고을의 무리를 모으게 하였다. 위에서 듣고 청화원(淸化院)이란 이름을 하사하였다.

어떤 승려가 물었다.
"어떤 것이 화상께서 급하고 간절하게 사람을 위하시는 곳입니까?"
대사가 말하였다.
"아침에는 동남을 보고 저녁에는 서북을 보느니라."
"잘 모르겠습니다."
"헛되이 동양(東陽)의 객임을 자랑하면서 서양(西陽)의 진귀함은 모르는구나."

"어떤 것이 정법의 안목입니까?"
"청천백일에 침대에다 오줌을 싸지 말라."

遂蒙印可乃遊廬陵。安福縣宰爲建應國禪院。迎以聚徒。本道上聞賜名淸化院。僧問。如何是和尙急切爲人處。師曰。朝看東南暮看西北。僧曰。不會。師曰。徒誇東陽客不識西陽珍。問如何是正法眼。師曰。不可靑天白日尿床也。

나중에 고향에서 온 승려의 권고로 고국으로 돌아가니, 전씨(錢氏) 문목왕(文穆王)이 특별히 대우하고 소중히 여겼다. 진(晋)의 천복(天福) 2년 정유년에 전(錢)씨의 변방 장수가 운봉산(雲峯山)에 터를 열어 선원을 짓고, 또 청화(淸化)라 이름하니 도반들이 모여들었다.

어떤 승려가 물었다.
"어떤 것이 불법의 대의입니까?"
대사가 말하였다.
"망주석 위의 나무 학이 나느니라."

"길에서 도를 아는 이를 만났을 때에 말하거나 잠잠함으로써 대하지 않으면 무엇으로 상대하겠습니까?"
"눈동자 속의 사람이 호루라기를 부느니라."

"화상의 나이는 얼마입니까?"

師後因同里僧勉還故國。錢氏文穆王特加禮重。晉天福二年丁酉歲錢氏戍將闢雲峯山建院。亦以淸化爲名。法侶臻萃。僧問。如何是佛法大意。師曰。華表柱頭木鶴飛。問路逢達道人不將語默對。未審將什麼對。師曰。眼裏瞳人吹叫子。問和尚年多少。

"비로소 지난 해 9월 9일임을 보았는데, 이제 또 단풍잎 누런 것을 보겠다."

"그렇다면 헤아릴 수 없겠습니다."

"단풍잎에게 물어 봐라."

"끝내 어떠합니까?"

"여섯 쪽의 골패가 동이 안에 붉게 가득하니라."

"죽은 승려의 영혼이 떠나서는 어디로 갔습니까?"

"긴 강이 끊임이 없고 뜬 거품은 바람 따라 나부끼느니라."

"제사를 받습니까?"

"제사야 없을 수 없다."

"어떻게 제사를 지냅니까?"

"뱃노래를 하며 노를 저으니 골짜기에 소리가 들린다."

師曰。始見去年九月九。如今又見秋葉黃。僧曰。恁麼即無數也。師曰。問取黃葉。曰畢竟事如何。師曰。六隻骰子滿盆紅。問亡僧遷化向什麼處去。師曰。長江無間斷聚沫任風飄。曰還受祭祀也無。師曰。祭祀不無。僧曰。如何祭祀。師曰。漁歌舉櫂谷裏聞聲。

충헌왕(忠獻王) 때에 이르러 자색 방포(方袍)[67]를 하사했으나 대사가 받지 않으니, 왕은 납의(衲衣)[68]로 고쳐서 하사하고 이어 순일 선사(純一禪師)라 하였다.

이에 대사가 말하였다.

"내가 공연히 사양하는 것이 아니다. 뒷사람이 나를 흉내 내어 욕심을 부릴까 걱정하기 때문이다."

개운(開運) 4년 정미년 가을 7월에 병이 나더니 태연히 앉아서 입적하였는데, 큰 바람이 휘몰아쳐서 나무를 부러뜨렸다. 수명은 66세이고, 법랍은 45세였다.

至忠獻王賜以紫方袍。師不受。王改以衲衣。仍號純一禪師。師曰。吾非飾讓也。慮後人倣吾而逞欲耳。開運四年丁未秋七月示疾安然坐逝。有大風震摧林木。壽六十六。臘四十五。

---

67) 방포(方袍) : 승려가 입는 네모난 가사(袈裟).
68) 납의(衲衣) : 낡은 헝겊을 모아 기워 만든 승려의 옷.

 토끼뿔

"어떤 것이 정법의 안목입니까?" 했을 때

대원은 "곳곳마다 분명했다." 하리라.

영주(郢州) 파초산(芭蕉山) 혜청(慧淸) 선사

혜청 선사는 신라(新羅) 사람이다.
어떤 이가 물었다.
"어떤 것이 파초산의 물입니까?"
대사가 말하였다.
"겨울에는 따사롭고 여름에는 서늘하니라."

"어떤 것이 취모검(吹毛劍)[69]입니까?"
"세 걸음 앞으로 나가라."
"쓰는 자는 어떠합니까?"
"세 걸음 뒤로 물러나라."

"어떤 것이 화상께서 사람을 위하는 한 구절입니까?"
"그대가 묻지 않을까 걱정했느니라."

郢州芭蕉山慧淸禪師。新羅人。問如何是芭蕉水。師曰。冬溫夏涼。問如何是吹毛劍。師曰。進前三步。僧曰。用者如何。師曰。退後三步。問如何是和尙爲人一句。師曰。只恐闍梨不問。

---

69) 취모검(吹毛劍) : 칼날 위에 실오라기를 올려놓고 입으로 혹 불면 잘릴 정도로 예리한 칼.

대사가 법상에 올라 대중에게 말하였다.
"알겠는가? 자세히 보면 다 아는 이가 적구나. 안녕."

"말을 하지 않고 물을 때에는 어떠합니까?"
"삼문(三門) 밖을 나서기 전에 천 리 길을 갔다."

"어떤 것이 자기입니까?"
"남쪽을 향하여 북두를 보라."

"광명과 경계가 모두 없어지면 다시 무슨 물건입니까?"
"안다."
"안다는 것이 무엇입니까?"
"건주(建州)의 아홉째 서방님이니라."

"어떤 것이 제바종(提婆宗)입니까?"
"붉은 깃발이 왼쪽에 있는 것이니라."

師上堂謂眾曰。會麼相悉者少珍重。問不語有問時如何。師曰。未出三門千里程。問如何是自己。師曰。望南看北斗。問光境俱亡復是何物。師曰。知。曰知箇什麼。師曰。建州九郎。問如何是提婆宗。師曰。赤幡在左。

대사가 어느 승려에게 물었다.
"요새 어디서 떠났는가?"
"스님께서 말씀해 보십시오."
"배 위의 장사꾼인 줄 알았더니, 원래 당주(當州)의 작은 나그네이구나."

"두 머리 세 머리는 묻지 않겠으니, 스님께서 본래의 면목을 바로 가르쳐 주십시오."
대사가 묵연히 반듯이 앉아 있었다.

"도적이 오면 때리고 손님이 오면 맞아야 하는데, 문득 손님과 도적이 함께 올 때에는 어찌하겠습니까?"
"집 안에는 떨어진 짚신 한 켤레가 있느니라."
"그 떨어진 짚신도 쓸 수가 있습니까?"
"만일 그대가 가져간다면 앞에는 흉하고 나중에는 불길하리라."

    師問僧。近離什麼處。曰請師試道看。師曰。將謂是舶上商人。元來是當州小客。問不問二頭三首。請師直指本來面目。師默然正坐。問賊來須打客來須看。忽遇客賊俱來時如何。師曰。屋裏有一緉破草鞋。曰只如破草鞋還堪受用也無。師曰。汝若將去前凶後不吉。

"북두에 몸을 숨긴다는 뜻이 어떠합니까?"
대사가 말하였다.
"9·9는 81이니라."
대사가 또 말하였다.
승려가 말하였다.
"알겠는가?"
"잘 모르겠습니다."
"1·2·3·4·5이니라."

"옛 부처님이 나시기 전에는 어떠합니까?"
"천년 묵은 나무뿌리이니라."
"나오신 뒤에는 어떠합니까?"
"금강이 힘을 쓰니 눈알이 나온다."

대사가 법상에 올라 말없이 보이고 말하였다.
"너무나 수고를 끼쳤소. 안녕."

問北斗裏藏身意旨如何。師曰。九九八十一。師又曰。會麼。僧曰。不會。師曰。一二三四五。問古佛未出興時如何。師曰。千年茄子根。曰出興後如何。師曰。金剛努出眼。師上堂良久曰。也大相辱珍重。

 토끼뿔

❦ "어떤 것이 화상께서 사람을 위하는 한 구절입니까?" 했을 때

대원은 "이 주장자가 늘 이르니라." 하리라.

❦ "옛 부처님이 나시기 전에는 어떠합니까?" 했을 때

대원은 "0 곱하기 0이니라." 하고

"나오신 뒤에는 어떠합니까?" 했을 때

대원은 "1 곱하기 1이니라." 하리라.

소주(韶州) 창락현(昌樂縣) 황련산(黃連山) 의초(義初) 대사

의초 대사의 호는 명미(明微)이다.
어떤 이가 물었다.
"삼승십이분교는 묻지 않겠으나 입을 열고서도 대답하지 못할 말을 스님께 청합니다."
"보화대(寶華臺)[70] 위에서 고금의 일을 판정하느니라."
"어떤 것이 보화대 위에서 고금의 일을 판정하는 것입니까?"
"먹물 한 점이 몸을 바꾸어도 옮겨지지 않았다."[71]
"학인은 전혀 알지 못하겠으니 스님께서 가리켜 보여 주십시오."
대사가 말하였다.

韶州昌樂縣黃連山義初。號明微大師。問三乘十二分教即不問。請師開口不答話。師曰。寶華臺上定古今。曰如何是寶華臺上定古今。師曰。一點墨子輪流不移。曰學人全體不會。請師指示。師曰。

---

70) 보화대(寶華臺) : 부처님께서 자리 잡고 계신 대.
71) 승려 현고가 죽으려 할 때 그의 어머니에게 말하기를 "저는 조종의 집안에 큰 인연이 있으니 내생에는 그 집안에 태어나겠습니다."라고 하였다. 그 표시로 오른쪽 겨드랑이에 먹물을 찍었는데, 조씨네 집에 태어난 아기가 과연 그 자리에 먹물이 있었다고 한다.

"신령한 깨달음은 비록 구른다 하지만 허공의 꽃은 떨어지지 않는다."

"옛 길은 자취가 없다는데 어떻게 걸어가겠습니까?"

"해(金烏)가 수미산을 도니 원래 겁(劫)과 동시(同時)이니라."

"그러면 저 피안에 사무쳤겠습니다."

"황하는 3천 년에 한 번 맑아지느니라."

광남(廣南) 유(劉)씨가 대사의 덕화를 듣고 고을로 모셔 설법을 청하니, 어떤 승려가 물었다.

"인왕(人王)과 법왕(法王)이 만날 때에는 어떠합니까?"

"두 거울을 마주 비추니 만 가지 형상이 분명하니라."

"법왕의 심요(心要)를 달마가 서쪽으로부터 와서 전하고, 5조는 이를 다시 조계에 전한 뒤에 다시는 의발을 전하지 않았다 하니, 벽옥계 앞에서는 무엇을 전하시겠습니까?"

靈覺雖轉空華不墜。問古路無蹤如何進步。師曰。金烏遶須彌。元與劫同時。曰恁麼即得達於彼岸也。師曰。黃河三千年一度清。廣南劉氏嚮師道化。請入府內說法。僧問。人王與法王相見時如何。師曰。兩鏡相照萬像歷然。曰法王心要達磨西來。五祖付與曹溪。自此不傳衣鉢。未審碧玉階前將何付囑。

대사가 말하였다.

"돌염소가 물 위를 다니고 나무말이 밤에 망아지와 날아다닌다."

"그렇다면 우리 국왕에게 감응해서 만국이 조공을 바치겠습니다."

"때의 사람들은 모두 태평가(太平歌)를 부른다."

"어떤 것이 부처입니까?"

"가슴에 만(卍)자를 쓰고 등에는 둥근 광채를 지고 있느니라."

"어떤 것이 도입니까?"

대사가 두 손을 펴서 보이니, 승려가 다시 물었다.

"부처와 도의 거리는 얼마나 됩니까?"

"물결 같고 파도 같으니라."

師曰。石羊水上行。木馬夜翻駒。僧曰。恁麼即我王有感萬國歸朝。師曰。時人盡唱太平歌。問如何是佛。師曰。胸題卍字背負圓光。僧問。如何是道。師展兩手示之。僧曰。佛之與道相去幾何。師曰。如水如波。

 토끼뿔

"삼승십이분교는 묻지 않겠으나 입을 열고서도 대답하지 못할 말을 스님께 청합니다." 했을 때

대원은 "입을 다물고도 못할 말이 없다." 하고

혹 "입을 다물고도 못할 말이 없는 입의 한마디 청합니다." 하면

"6·6은 어찌해도 36이니라." 할 것이다.

소주(韶州) 혜림(慧林) 홍구(鴻究) 대사

홍구 대사의 호는 묘제(妙濟)이다.
어떤 승려가 물었다.
"천 성인이 항상 이 길을 걸었다 하니, 어떤 것이 이 길입니까?"
대사가 말하였다.
"과연 보지 못하는구나."

"노조(魯祖) 화상이 벽을 향해 앉은 뜻이 무엇입니까?"
"어느 곳에 눈이 있느냐?"

"어떤 것이 급하고 간절한 일입니까?"
"둔한 놈이로구나."

韶州慧林鴻究。號妙濟大師。有僧問。千聖常行此路如何是此路。師曰。果然不見。問魯祖面壁意如何。師曰。有什麼雪處。問如何是急切事。師曰。鈍漢。

"어떤 것이 화상의 가풍입니까?"
"제방의 지대한 본보기이니라."

"선정과 지혜를 고루 배워서 진리와 성품을 분명히 보면 어떠합니까?"
"새로 절을 지어라."

問如何是和尚家風。師曰。諸方例大。問定慧等學明見理性如何。師曰。新修梵宇。

 토끼뿔

"천 성인이 항상 이 길을 걸었다 하니, 어떤 것이 이 길입니까?"
했을 때

대원은 "이 길 말고 길이 없다." 하리라.

앞의 앙산(仰山) 서탑(西塔) 광목(光穆) 선사의 법손

길주(吉州) 자복(資福) 여보(如寶) 선사

여보 선사에게 어떤 승려가 물었다.
"어떤 것이 기틀에 응해 주는 구절입니까?"
대사가 잠자코 있으니, 또 물었다.
"어떤 것이 현묘한 뜻입니까?"
대사가 말하였다.
"그대는 나를 위해 문을 닫아 주게."

前仰山西塔光穆禪師法嗣。吉州資福如寶禪師。僧問。如何是應機之句。師默然。問如何是玄旨。師曰。汝與我掩却門。

"노조(魯祖) 화상이 벽을 향해 앉은 뜻이 무엇입니까?"
"관계할 것 없다."

"어떤 것이 위로부터 전하는 참으로 바른 안목입니까?"
대사가 가슴을 치면서 말하였다.
"아이고, 아이고."
"여쭈어 본들 무슨 해로운 일이 있겠습니까?"
"곤하다."
"그것도 배움을 받습니까?"
"일찍이 땅에다 괭이질을 해서는 허공을 가꾸지 못한다 했느니라."

"어떤 것이 납승의 급하고 절박한 곳입니까?"
"이것은 질문에 불과하다."
"학인의 묻기 전을 스님께서 말씀해 주십시오."
"억!"

問魯祖面壁意作麼生。師曰。勿交涉。問如何是從上眞正眼。師搥胸曰。蒼天蒼天。僧曰。借問又何妨。師曰。困。問這箇還受學也無。師曰。未曾钁地栽虛空。問如何是衲僧急切處。師曰。不過此問。僧曰。學人未問已前請師道。師曰。噫。

"제방에서 모두가 묘한 작용을 하는데 화상께서는 여기서 어떻게 하십니까?"
"억!"

"옛 사람이 망치를 쳐들거나 불자를 세운 뜻이 무엇입니까?"
"벙어리다."

"어떤 것이 열반문으로 통한 외길입니까?"
대사가 손가락을 한 차례 튕기고 또 두 손을 벌려 보이니, 승려가 말하였다.
"어떻게 알아들으리까?"
"가을달이 밝거늘 스스로가 8, 9일에만 설치고 다니는 것이 아닌가?"

"어떤 것이 화상의 가풍입니까?"
"밥 먹은 뒤에 차 석 잔이니라."

問諸方盡皆妙用。未審和尚此間如何。師曰噫。問古人拈搥竪拂此理如何。師曰。瘂。問如何是一路涅槃門。師彈指一聲。又展開兩手。僧曰。如何領會。師曰。不是秋月明子自橫行八九。問如何是和尚家風。師曰。飯後三椀茶。

어느 날 대사가 방석을 번쩍 들고 대중에게 보이고 말하였다.

"부처님들과 보살들과 진리에 든 성인들이 모두가 이 속에서 나왔다."

그리고는 내동댕이치고 가슴을 헤치면서 말하였다.

"어떤가?"

대중 가운데 아무도 대답하지 못하였다.

어떤 승려가 물었다.

"학인이 처음으로 총림에 들어와서 여름 한 철이 다 되어가건만 화상의 가르침을 받지 못하였습니다. 바라오니 가르쳐 주십시오."

대사가 그 승려를 밀어버리면서 말하였다.

"나는 주지를 한 이래 한 승려의 눈도 멀게 하지는 않았다."

어느 때 대사가 앉아서 말없이 보이고 좌우를 돌아보면서 말하였다.

師一日拈起蒲團示眾云。諸佛菩薩及入理聖人。皆從遮裏出。便擲下擘胸開曰。作麼生。眾無對。問學人創入叢林一夏將末。未蒙和尚指教願垂提拯。師托開其僧乃曰。老僧自住持來未曾瞎却一僧眼。師有時坐良久。周視左右曰。

"알겠는가?"

대중이 말하였다.

"모릅니다."

"모른다면 그대들에게 거드름을 피웠구나."

어느 날 대사가 방석을 머리에 얹고 말하였다.

"그대들은 이런 때에 같이 이야기하기 어렵다."

대중이 아무도 대답하지 못하였다. 대사는 앉으려 하다가 문득 말하였다.

"약간 드러내려는 방법이었을 뿐이다."

會麼。眾曰。不會。師曰。不會即謾汝去也。師一日將蒲團於頭上曰。汝諸人恁麼時難共語。眾無對。師將坐却曰。猶較些子。

 토끼뿔

∽ "어떤 것이 기틀에 응해 주는 구절입니까?" 했을 때

대원은 "이렇다." 하고

"어떤 것이 현묘한 뜻입니까?" 했을 때는

대원은 "이렇다." 하고, 주장자를 들었다 눕혔을 것이다.

∽ 어느 날 대사가 방석을 번쩍 들고 대중에게 보이고 말하기를 "부처님들과 보살들과 진리에 든 성인들이 모두가 이 속에서 나왔다." 하고는 방석을 내동댕이 치고 가슴을 헤치면서 "어떤가?" 했을 때

대원은 "옳기는 심히 옳으나 이 속에 그런 말은 마설이오." 하리라.

앞의 관계(灌谿) 지한(志閑) 선사의 법손

지주(池州) 노조산(魯祖山) 교(敎) 화상

교(敎) 화상에게 어떤 승려가 물었다.
"어떤 것이 눈앞의 일입니까?"
대사가 말하였다.
"실과 대를 악기라 여기지도 않고, 호로(葫蘆)72)를 시렁 위에서 거두지도 않는다."

"어떤 것이 쌍림(雙林)의 나무입니까?"
"형상 있는 몸속에 형상 없는 몸이니라."

前灌谿志閑禪師法嗣。池州魯祖山教和尚。僧問。如何是目前事。師曰。絲竹未將為樂器。架上葫蘆猶未收。問如何是雙林樹。師曰。有相身中無相身。

---

72) 호로(葫蘆) : 박과에 속하는 식물.

"어떤 것이 형상 있는 몸속에 형상 없는 몸입니까?"
"금향산(金香山) 밑의 무쇠로 만든 곤륜산이니라."

"어떤 것이 높은 봉우리에서 혼자 자는 사람입니까?"
"밤중에 해가 밝았고 한낮에 삼경종을 치느니라."

"어떤 것이 격식 밖의 일입니까?"
"교화할 인연이 다한 뒤의 허공 저쪽이니라."

"나가려 해도 문이 없을 때에는 어찌합니까?"
"이 둔한 친구야."
"둔한 무리는 아니더라도 당장 나가려는데, 문이 없을 때에는 어찌합니까?"
"신령스런 기틀은 안과 밖, 중간을 논할 수 없건만 법에 끝없이 집착하는 이는 어두움 속에 있다."

曰如何是有相身中無相身。師曰。金香山下鐵崑崙。問如何是高峯孤宿底人。師曰。半夜日頭明日午打三更。問如何是格外事。師曰。化導緣終後虛空更那邊。問進向無門時如何。師曰。太鈍生。僧曰。不是鈍根直下進向無門時如何。師曰。靈機未曾論邊際。執法無邊在暗中。

"어떤 것이 학인이 힘을 써야 할 곳입니까?"
"봄이 오면 풀은 스스로 푸르고 달이 뜨면 이미 하늘은 밝다."
"어떤 것이 학인이 힘을 쓰지 않을 곳입니까?"
"무너진 산에서 돌이 떨어지고 평평한 개울에서 불길이 난다."

問如何是學人著力處。師曰。春來草自青月上已天明。曰如何是不著力處。師曰。崩山石頭落平川燒火行。

 토끼뿔

∽ "어떤 것이 쌍림(雙林)의 나무입니까?" 했을 때

대원은 "제불의 방광이다." 하리라.

∽ "어떤 것이 형상 있는 몸 속에 형상 없는 몸입니까?" 했을 때

대원은 코끝을 엄지로 누르고 있었을 것이다.

∽ "어떤 것이 격식 밖의 일입니까?" 했을 때

대원은 "돌장승이 창공을 거닐며 부르는 노래니라." 하리라.

∽ "나가려 해도 문이 없을 때에는 어찌합니까?" 했을 때

대원은 "사리여." 하리라.

위부(魏府) 흥화(興化) 존장(存獎) 선사의 법손

여주(汝州) 보응(寶應) 화상

보응 화상[73]이 법상에 올라 대중에게 보이고 말하였다.
"붉은 살덩이가 위로 천 길 벽같이 솟았다."
이때에 어떤 승려가 물었다.
"붉은 살덩이가 위로 천 길 벽같이 솟았다 하심은 어찌 화상의 도가 아니겠습니까?"
"그렇다."
그 승려가 선상을 흔드니, 대사가 말하였다.

魏府興化存獎禪師法嗣。汝州寶應和尚(亦曰南院第一世住顒禪師)。上堂示眾曰。赤肉團上壁立千仞。時有僧問。赤肉團上壁立千仞。豈不是和尚道。師曰。是。其僧乃掀禪床。師曰。

---

73) 또는 남원 제1세 주지 옹선사라고도 한다. (원주)

"이 눈먼 나귀야." 하면서 때렸다.

대사가 어떤 승려에게 물었다.
"요새 어디서 떠났는가?"
"장수(長水)에서 떠났습니다."
"동쪽으로 흐르던가, 서쪽으로 흐르던가?"
"전혀 그렇지 않습니다."
"왜 그런가?"
승려가 '진중(珍重)'하고 인사를 하니, 대사가 때려서 법당에서 쫓아냈다.

어떤 승려가 와서 뵈니, 대사가 불자를 들었다. 이에 승려가 말하였다.
"오늘 실례했습니다."
대사가 불자를 내려놓으니, 승려가 말하였다.
"아직도 그런 것이 있습니까?"
대사가 때렸다.

這瞎驢便棒。師問僧。近離什麽處。曰長水。師曰。東流西流。曰總不恁麽。師曰。作麽生。僧珍重。師打之。趂下法堂。僧到參。師擧拂子。僧曰。今日敗闕。師放下拂子。僧曰。猶有這箇在。師乃棒之。

대사가 어떤 승려에게 물었다.

"요새 어디서 떠났는가?"

"양주(襄州)에서 떠났습니다."

"무엇 하러 왔는가?"

"화상께 예배하려고 특별히 왔습니다."

"때마침 보응 노장이 없을 때에 왔군."

그 승려가 할을 하니, 대사가 말하였다.

"그대에게 있지 않다고 말했거늘 할을 해서는 무엇 하랴."

그 승려가 또 할을 하니, 대사가 때렸다. 그 승려가 절을 하니, 대사가 말하였다.

"이 방망이의 본분은 그대가 나를 때리면 나도 그대를 때리기를 셋, 다섯 방망이 계속해서 이 이야기가 크게 퍼지게 하기 위한 것이다."

사명(思明) 화상이 서원(西院)에 살기 전에 뵈러 와서 절을 한 뒤에 말하였다.

師問僧。近離什麼處。曰近離襄州。師曰。來作什麼。曰特來禮拜和尚。師曰。恰遇寶應老不在。僧便喝。師曰。向汝道不在。又喝作什麼。僧又喝。師乃棒之。其僧禮拜。師曰。這棒本分汝打我我且打汝三五棒。要此話大行。思明和尚未住西院時到參禮拜後白曰。

"별로 좋은 선물이 없기에 허주(許州)에서 강서(江西)의 삭도(削刀)74) 하나를 사 가지고 와서 화상께 바칩니다."

대사가 말하였다.

"그대가 허주에서 왔다면서 어디서 강서의 삭도를 구했는가?"

사명이 대사의 손을 잡고 한 차례 당기니, 대사가 말하였다.

"시자야, 갖다 두어라."

사명이 소매를 떨치고 떠나니, 대사가 이렇게 말하였다.

"아라라(阿剌剌)75)."

어느 날 대사가 법상에 올라 말하였다.

"제방에는 다만 안팎에서 동시에 쪼는 안목만을 갖추었고, 안팎에서 동시에 쪼는 작용은 갖추지 못하였다."

이때에 어떤 승려가 불쑥 물었다.

"어떤 것이 안팎에서 동시에 쪼는 작용입니까?"

別無好物人事。從許州買得一口江西剃刀來獻和尚。師曰。汝從許州來。什麼處得江西剃刀。明把師手掐一下。師曰。侍者收取。明拂袖而去。師曰。阿剌剌。師上堂曰。諸方只具啐啄同時眼。不具啐啄同時用。時有僧便問。如何是啐啄同時用。

---

74) 삭도(削刀) : 절에서 승려가 머리털을 깎는 데 쓰는 칼.
75) 아라라(阿剌剌) : 몸의 고통을 느낄 때 내는 소리. 의성어.

대사가 말하였다.

"작가를 만나면 쫀다고 하지 마라. 쫀다고 할 때는 잃는 것이다."

승려가 말하였다.

"그것도 아직 제가 물은 곳에 대한 대답은 아닙니다."

"그대가 물은 것이란 무엇인가?"

"잃었습니다."

대사가 때리니, 그 승려가 수긍하지 않았다.

그리고 나중에 그 승려가 운문(雲門) 회하에서 특별히 이 일을 거론하는 것을 듣고 홀연히 크게 깨닫고 나서야 대사가 대답한 말의 뜻을 비로소 알았다.

그 승려가 다시 여주로 문안을 왔으나 이미 대사가 임종한 뒤였다. 이어 풍혈(風穴)을 방문했는데 풍혈이 물었다.

"그대가 그때에 선사(先師)에게 안팎에서 동시에 쪼는 이야기를 물은 후에 깨달음이 있었던가?"

師曰。作家相見不啐啄。啐啄同時失。僧曰。此猶未是某甲問處。師曰。汝問處又作麼生。僧曰。失師乃打之。其僧不肯。其僧後於雲門會下聞別僧舉此語方悟旨。却迴參性師己圓寂。遂禮風穴和尙。風穴問曰。汝當時問先師啐啄話。後來還有省處也無。

승려가 말하였다.

"이미 이 도리를 보았습니다."

"무엇을?"

"저는 그 당시 등불 그림자 속을 걷고 있어서 비추고 돌아볼 줄을 알지 못했습니다."

풍혈이 말하였다.

"그대는 알았다."

僧曰。己見箇道理也。曰作麼生。僧曰。某甲當時在燈影裏行。照顧不著[76]。風穴云。汝會也。

[76) 聞別僧擧此語方悟旨에서 照顧不著까지 원나라본에는 聞二僧擧前因緣。一僧云。當時南院棒折那僧聞此語忽然大悟。方見南院答話處。其僧却來汝州省覲值師已遷化。乃訪風穴。風穴認得便問。上座是當時問南院啐啄同時話底麼。僧云是。穴云會也未。僧云會也。穴云爾當時作麼生會。僧云。某甲當時如在燈影裏行相似로 되어 있다.

 토끼뿔

"동쪽으로 흐르던가, 서쪽으로 흐르던가?" 했을 때

대원은 우뚝 서서 "여기입니다." 하리라.

앞의 보수(寶壽) 소(沼) 화상의 법손

여주(汝州) 서원(西院) 사명(思明) 선사

사명 선사에게 어떤 사람이 물었다.
"어떤 것이 가람(伽藍)⁷⁷⁾입니까?"
"가시덤불 총림이니라."
"어떤 것이 가람 속의 사람입니까?"
"너구리와 담비이니라."

前寶壽沼和尚法嗣。汝州西院思明禪師。有人問。如何是伽藍。師曰。荊棘叢林。曰如何是伽藍中人。師曰。獾兒狢子。

---

77) 가람(伽藍) : 승려가 기거하는 사찰의 통칭.

"어떤 것이 임제의 한 할입니까?"

"삼만 근이나 되는 큰 활은 다람쥐 같은 것을 쏘지 않는다."

"화상의 자비는 어디에 있습니까?"

대사가 때렸다.

종의(從漪)라는 승려가 방부(房付)[78]를 든 지 10일만에야 입을 열었다.

"불법을 안다고 말하지 마십시오. 화두 든 사람을 찾으니 있던가요, 없던가요?"

대사가 듣고 잠자코 있었다.

종의가 다른 날 법당에 올라왔는데, 대사가 "종의여!" 하고 부르니, 종의가 고개를 돌렸다. 이에 대사가 말하였다.

"틀렸다."

問如何是臨濟一喝。師曰。千鈞之弩不為鼷鼠而發機。曰和尚慈悲何在。師打之。僧從漪到法席旬日乃曰。莫道會佛法人。覓箇舉話底人也無。師聞而默之。漪異日上法堂次。師召從漪。漪舉首。師曰。錯。

---

78) 방부(房付) : 승려가 남의 절에 와서 잠시 머물기를 청하는 일.

종의가 두 세 걸음을 걸으니, 대사가 또 말하였다.

"틀렸다. 종의여."

종의가 더욱 가까이 가니, 대사가 말하였다.

"아까 두 차례 틀렸다 한 것은 그대의 잘못인가 아니면 나의 잘못인가?"

"저의 잘못입니다."

"틀렸다."

대사가 이어 말하였다.

"상좌여, 이 여름을 여기서 지내자. 함께 이 두 가지 잘못을 연구해 보자."

종의가 수긍하지 않고 떠났다. 나중에 상주(相州)의 천평산(天平山)에 살면서 항상 앞의 이야기를 하면서 말하였다.

"내가 행각을 할 때는 모진 바람에 이끌려서 여주에 갔었는데, 서원 장로라는 이가 나를 감정하면서 연달아 틀렸다는 말을 세 차례 하고, 이어서 나에게 여름을 지내면서 같이 연구하자고 하였다.

漪進三兩步。師又曰。錯。從漪。漪復近前。師曰。適來兩錯是上座錯是思明老錯。曰是從漪錯。師曰。錯。又曰。上座且這裏過夏共汝商量這兩錯。漪不肯便去。後住相州天平山。每舉前話曰。我行脚時被惡風吹到汝州。有西院長老勘我連道三錯。更待留我過夏商量。

그러나 나는 그때 틀렸다고 여기지 않았았는데, 그곳을 떠나 남쪽으로 가는 도중에야 틀린 줄 알았다."[79]

我不說恁麼時錯。我當時發足擬向南去。便知道錯了也(首山省念和尚云。據天平作恁麼會解未夢見西院在。何故話在)。

---

79) 수산(首山) 성념(省念) 화상이 말하기를 "천평(天平) 화상(和尙) 종의가 그렇게 말한 것을 보건대 꿈에도 서원을 보지 못했으면서 어찌 그렇게 말하는가?" 하였다. (원주)

 토끼뿔

༄ "어떤 것이 가람입니까?" 했을 때

대원은 한 대 때렸으리라.
"험."

༄ 누군가가 대원에게 "서원의 세 번 틀렸다한 도리를 보여 주십시오"라고 한다면

대원은 묵연히 있었으리라.

보수(寶壽) 화상(제2세 주지)

보수 화상에게 어떤 승려가 물었다.
"어떤 것이 조사입니까?"
대사가 말하였다.
"얼굴은 검고 눈동자는 희다."

"화성(化城)[80]을 차서 쓰러뜨릴 때가 어떠합니까?"
"죽은 사람은 베지 않는다."
"벱니다."
대사가 때렸다.

寶壽和尙(第二世住)。有僧問。如何是祖。師曰。面黑眼睛白。問蹋倒化城時如何。師曰。死漢不斬。僧曰。斬。師乃打之。

---

80) 화성(化城) : 참진리가 아닌 허상. 참진리에 도달하기 위한 방편의 뜻으로도 비유된다.

 토끼뿔

"화성을 차서 쓰러뜨릴 때가 어떠합니까?" 했을 때

대원은 "돌사내 한 소리에 삼계가 흔적조차 없느니라." 하리라.

앞의 삼성(三聖) 혜연(慧然) 선사의 법손

진주(鎭州) 대비(大悲) 화상

대비 화상에게 어떤 승려가 물었다.
"위를 제하고 아래도 제하고서 스님께서 말씀해 주십시오."
대사가 말하였다.
"나는 입을 열면 틀린다고 한다."
"참으로 학인의 스승이십니다."
"오늘 제자의 손에서 죽었구나."

前三聖慧然禪師法嗣。鎭州大悲和尚。有僧問。除上去下請師便道。師曰。我開口即錯。僧曰。眞是學人師。師曰。今日向弟子手裏死。

토끼뿔

"위를 제하고 아래도 제하고서 스님께서 말씀해 주십시오." 했을 때

대원은 할을 하고 "어디가 위고 어디가 아래냐? 빨리 일러라, 빨리 일러." 하리라.

치주(淄州) 수륙(水陸) 화상

수륙 화상에게 어떤 승려가 물었다.
"어떤 것이 학인들이 마음을 쓸 곳입니까?"
대사가 말하였다.
"마음을 쓴다고 하면 틀린다."
"한 생각도 일으키지 않을 때에는 어떠합니까?"
"쓸모없는 놈이로구나."
"이 일을 어떻게 보림해야 하겠습니까?"
"심히 꺼린다."

"어떤 것이 최초의 일구(一句)입니까?"
대사가 할을 하였다.

"좁은 길에서 마주칠 때에는 어떠합니까?"
대사가 가슴을 한번 움켜쥐었다 밀어버렸다.

淄州水陸和尚。有僧問。如何是學人用心處。師曰。用心卽錯。僧曰。不起一念時如何。師曰。勿用處漢。問此事如何保任。師曰。切忌。問如何是最初一句。師便喝。問狹路相逢時如何。師便攔胸托一托。

토끼뿔

"이 일을 어떻게 보림해야 하겠습니까?" 했을 때

대원은 "어디서 묻느냐?" 하리라.
"험."

앞의 위부(魏府) 대각(大覺) 화상의 법손

여주(廬州) 대각(大覺) 화상

대각 화상에게 어떤 이가 물었다.
"우두(牛頭)가 4조를 보기 전에는 어째서 새와 짐승이 꽃을 물고 왔습니까?"
"그러한 축생이 있었다."
"4조를 본 뒤에는 어째서 꽃을 물고 오지 않았습니까?"
"그러한 축생이 없었다."

前魏府大覺和尚法嗣。廬州大覺和尚。問牛頭未見四祖時爲什麽鳥獸銜華。師曰。有恁麽畜生。曰見後爲什麽不來銜華。師曰。無恁麽畜生。

토끼뿔

"우두가 4조를 보기 전에는 어째서 새와 짐승이 꽃을 물고 왔습니까?" 했을 때

대원은 "위가 있다." 하리라.
"험."

"4조를 본 뒤에는 어째서 꽃을 물고 오지 않았습니까?" 했을 때

대원은 "위가 없다." 하리라.
"험."

여주(廬州) 징심원(澄心院) 민덕(旻德) 화상

민덕 화상이 흥화(興化)에 있을 때에 흥화 화상이 대중에게 보이고 말하였다.

"만일 작가인 전쟁의 장군이거든 단도직입하여 다시는 이러쿵저러쿵 하지 말라."

이때에 대사가 나가서 절하고 일어나서 할을 하니, 흥화도 할을 하였다. 대사가 또 할을 하니, 흥화도 또 할을 하였다. 대사가 절을 하고 무리 속으로 돌아가니, 흥화가 말하였다.

"민덕이 오늘 밤에 흥화의 20방을 면하였다. 비록 그러나 이러히 예우했던 것은 그 민덕 장로의 한 할이 한 할이라는 씀도 짓지 않았기 때문이다."

廬州澄心院旻德和尚。在興化時。遇興化和尚示眾云。若是作家戰將。便請單刀直入。更莫如何若何。師出禮拜起便喝。興化亦喝。師又喝。化亦喝。師乃作禮歸眾。化云。旻德今夜較却興化二十棒。然雖如是賴遇他旻德長老一喝不作一喝用[81]

---

81) 賴遇他旻德長老一喝不作一喝用이 송, 원나라본에는 是他旻德會旻。德且不是喝로 되어있다.

 토끼뿔

　민덕 장로의 첫 번째 할은 산하대지가 다른 물건 아닌 할이니, 산하대지가 다른 물건 아님을 보이랴?

　"북산머리 첫눈 희고, 뜰 밑 국화 가득하다."

　홍화 선사 첫 번째 할은 한산과 습득이 마주서서 껄껄 웃는 웃음과 같은 할이니, 한산과 습득이 마주서서 껄껄 웃는 경지를 이르랴?

　"명왕(明王)은 만사에 밝게 응하나 어상을 여의지 않느니라."

　민덕 장로의 두 번째 할은 황금 궁실 안에 쏟아놓은 수정 구슬과도 같은 삼매행을 누리는 할이니, 황금 궁실 안에 쏟아놓은 수정 구슬빛 삼매행을 이르랴?

　"대천(大天)을 삼킨 초명벌레가 겁 밖 봄동산에 풍류 즐기나 나고 드는 종적은 없다."

흥화 선사의 두 번째 할은 지음자를 맞아 즐기는 할이니, 지음자를 맞아 즐길 때는 어떠한가?

"이러-히 즐기고, 즐김에 이러-하니라."

여주(汝州) 남원(南院) 화상

남원 화상에게 어떤 이가 물었다.
"필마(匹馬)와 단창(單槍)으로 올 때에는 어찌합니까?"
대사가 말하였다.
"내가 방망이를 깎기만을 기다려라."

"상상근기(上上根器)의 사람도 지도하십니까?"
"지도한다."
"스님께서 지도해 주십시오."
"또한 친구를 고맙게 여기지."

대사가 새로 온 승려에게 물었다.
"요새 어디서 떠났는가?"
"한상(漢上)입니다."

汝州南院和尚。問匹馬單槍來時如何。師曰。待我斫棒。問上上根器人還接否。師曰。接。僧曰。便請師接。師曰。且得平交。師問新到僧。近離什麼處。曰漢上。

대사가 말하였다.
"너도 잘못했고, 나도 잘못했구나."
승려가 대답이 없었다.

대사가 새로 온 승려를 보자 꼭 붙들고 말하였다.
"어떻게 하겠느냐? 어떻게 하겠느냐?"
승려가 대답이 없자, 대사가 말하였다.
"30년 말을 탔는데 오늘 당나귀에게 채였다."

어떤 승려가 새로 오니, 대사가 말하였다.
"졌다."
그리고는 주장자를 던지니, 승려가 말하였다.
"화두의 말씀, 이렇군요."
대사가 곧 때렸다.

師曰。汝也罪過我也罪過。僧無語。師見新到僧乃搊住曰。作麼生作麼生。僧無對。師曰。三十年馬騎今日却被驢撲。有僧新到。師曰。敗也乃拋下柱杖。僧曰。恁麼語話。師便打。

 토끼뿔

∽ "필마(匹馬)와 단창(單槍)으로 올 때에는 어찌합니까?" 했을 때

대원은 "나를 향해 오려고 필마와 단창을 들면 벌써 송장이니라." 하리라.

∽ "상상근기(上上根器)의 사람도 지도하십니까?" 했을 때

대원이라면 누웠을 것이다.

색인표

ㄱ

가경(제9세)(24권)
가관 선사(19권)
가나제바(2권)
가문 선사(16권)
가비마라(1권)
가선 선사(26권)
가섭불(1권)
가야사다(2권)
가지 선사(10권)
가홍 선사(26권)
가훈 선사(26권)
가휴 선사(19권)
가휴(제2세)(24권)
간 선사(22권)
감지 행자(10권)
감홍 선사(15권)
강 선사(21권)
거방 선사(4권)
거회 선사(16권)
건봉 화상(17권)
계학산 화상(19권)
견숙 선사(8권)
겸 선사(20권)
경 선사(23권)
경산 감종(10권)
경산 홍인(11권)
경상(관음원)(26권)
경상(숭복원)(26권)
경소 선사(26권)
경여(제2세)(24권)
경잠 초현(10권)
경조 현자(17권)
경조미 화상(11권)
경준 선사(25권)
경진 선사(26권)
경탈 화상(22권)
경탈 화상(29권)

경통 선사(12권)
경현 선사(26권)
경혜 선사(15권)
경혼 선사(16권)
계눌 선사(21권)
계달 선사(24권)
계번 선사(19권)
계여 암주(21권)
계유 선사(23권)
계조 선사(25권)
계종 선사(24권)
계침 선사(21권)
계허 선사(10권)
고 선사(12권)
고사 화상(8권)
고정 화상(10권)
고정간선사(16권)
고제 화상(9권)
곡산 화상(23권)
곡산장 선사(16권)
곡은 화상(15권)
공기 화상(9권)
곽산 화상(11권)
관계 지한 선사(12권)
관남 장로(30권)
관음 화상(22권)
관주 나한(24권)
광 선사(14권)
광과 선사(23권)
광달 선사(25권)
광덕(제1세)(20권)
광목 선사(12권)
광법 행흠(24권)
광보 선사(13권)
광산 화상(23권)
광오 선사(22권)
광오(제4세)(17권)
광용 선사(12권)

광우 선사(24권)
광원 화상(26권)
광인 선사(15권)
광인 선사(17권)
광일 선사(20권)
광일 선사(25권)
광제 화상(20권)
광징 선사(8권)
광혜진 선사(13권)
광화 선사(20권)
괴성 선사(26권)
교 화상(12권)
교연 선사(18권)
구 화상(24권)
구나함모니불(1권)
구류손불(1권)
구마라다(2권)
구봉 도건(16권)
구봉 자혜(11권)
구산 정원(10권)
구산 화상(21권)
구종산 화상(15권)
구지 화상(11권)
굴다삼장(5권)
귀 선사(22권)
귀본 선사(19권)
귀신 선사(23권)
귀인 선사(20권)
귀정 선사(13권)
귀종 지상(7권)
규봉 종밀(13권)
근 선사(26권)
금륜 화상(22권)
금우 화상(8권)
기림 화상(10권)

ㄴ

나찬 화상(30권)

나한 화상(11권)
나한 화상(24권)
낙보 화상(30권)
남대 성(21권)
남대 화상(20권)
남악 남대(20권)
남악 회양(5권)
남원 화상(12권)
남원 화상(19권)
남전 보원(8권)
낭 선사(23권)
내 선사(22권)
녹 화상(21권)
녹수 화상(11권)
녹원 화상(13권)
녹원휘 선사(16권)
녹청 화상(15권)

ㄷ

다복 화상(11권)
단기 선사(23권)
단하 천연(14권)
달 화상(24권)
담공 화상(12권)
담권(제2세)(20권)
담명 화상(23권)
담장 선사(8권)
담조 선사(10권)
담취 선사(4권)
대각 선사(12권)
대각 화상(12권)
대동 선사(15권)
대랑 화상(23권)
대력 화상(24권)
대령 화상(17권)
대모 화상(10권)
대범 화상(20권)
대비 화상(12권)

색인표 287

색인표

대승산 화상(23권)
대안 선사(9권)
대양 화상(8권)
대육 선사(7권)
대의 선사(7권)
대전 화상(14권)
대주 혜해(6권)
대천 화상(14권)
덕겸 선사(23권)
덕부 스님(29권)
덕산 선감(15권)
덕산(제7세)(20권)
덕소 국사(25권)
덕해 선사(22권)
도 선사(21권)
도간(제2세)(20권)
도건 선사(23권)
도견 선사(26권)
도겸 선사(23권)
도광 선사(21권)
도단 선사(26권)
도림 선사(4권)
도명 선사(4권)
도명 선사(6권)
도부 선사(18권)
도부 대사(19권)
도상 선사(10권)
도상 선사(25권)
도수 선사(4권)
도신 대사(3권)
도연 선사(20권)
도오(관남)(11권)
도오(천황)(14권)
도원 선사(26권)
도유 선사(17권)
도은 선사(21권)
도은 선사(23권)
도응 선사(17권)

도자 선사(26권)
도잠 선사(25권)
도전 선사 (17권)
도전(제12세)(24권)
도제(제11세)(26권)
도통 선사(6권)
도한 선사(17권)
도한 선사(22권)
도행 선사(6권)
도헌 선사(12권)
도흠 선사 (25권)
도흠 선사(4권)
도흠(제2세)(24권)
도희 선사(21권)
도희 선사(22권)
동계 화상(20권)
동봉 암주(12권)
동산 양개(15권)
동산혜 화상(9권)
동선 화상(19권)
동안 화상(8권)
동안 화상(16권)
동정 화상(23권)
동천산 화상(20권)
동탑 화상(12권)
둔유 선사(17권)
득일 선사(21권)
등등 화상(30권)

ㄹ

라후라다(2권)

ㅁ

마나라(2권)
마명 대사(1권)
마조 도일(6권)
마하가섭(1권)
만 선사(22권)

만세 화상(9권)
만세 화상(12권)
명 선사(17권)
명 선사(22권)
명 선사(23권)
명교 선사(22권)
명달소안(제4세)(26)권
명법 대사(21권)
명변 대사(22권)
명식 대사(22권)
명오 대사(22권)
명원 선사(21권)
명진 대사(19권)
명진 선사(21권)
명철 선사(7권)
명철 선사(14권)
명혜 대사(24권)
명혜 선사(22권)
모 화상(17권)
자사진조(12권)
몽계 화상(8권)
몽필 화상(19권)
묘공 대사(21권)
묘과 대사(21권)
무등 선사(7권)
무료 선사(8권)
무업 선사(8권)
무염 대사(12권)
무원 화상(15권)
무은 선사(17권)
무일 선사(24권)
무주 선사(4권)
무휴 선사(20권)
문 화상(22권)
문수 선사(17권)
문수 선사(25권)
문수 화상(16권)
문수 화상(20권)

문습 선사(24권)
문언 선사(19권)
문의 선사(21권)
문익 선사(24권)
문흠 선사(22권)
문희 선사(12권)
미령 화상(12권)
미령 화상(8권)
미선사(제2세)(23권)
미차가(1권)
미창 화상(12권)
미창 화상(14권)
민덕 화상(12권)

ㅂ

바사사다(2권)
바수밀(1권)
바수반두(2권)
박암 화상(17권)
반산 화상(15권)
반야다라(2권)
방온 거사(8권)
배도 선사(30권)
배휴(12권)
백거이(10권)
백곡 화상(23권)
백령 화상(8권)
백수사화상(16권)
백운 화상(24권)
백운약 선사(15권)
범 선사(20권)
범 선사(23권)
법건 선사(26권)
법괴 선사(26권)
법단 대사(11권)
법달 선사(5권)
법등 태흠(30권)
법만 선사(13권)

288 전등록 12권

색 인 표

법보 선사(22권)
법상 선사(7권)
법운 대사(22권)
법운공(27권)
법융 선사(4권)
법의 선사(20권)
법제 선사(23권)
법제(제2세)(26권)
법지 선사(4권)
법진 선사(11권)
법해 선사(5권)
법현 선사(24권)
법회 선사(6권)
변륭 선사(26권)
변실(제2세)(26권)
보 선사(22권)
보개산 화상(17권)
보개약 선사(16권)
보광 혜심(24권)
보광 화상(14권)
보리달마(3권)
보만 대사(17권)
보명 대사(19권)
보문 대사(19권)
보봉 신당(17권)
보봉 화상(15권)
보수 화상(12권)
보수소 화상(12권)
보승 선사(24권)
보안 선사(9권)
보운 선사(7권)
보응 화상(12권)
보적 선사(7권)
보지 선사(27권)
보철 선사(7권)
보초 선사(24권)
보화 화상(10권)
보화 화상(24권)

복계 화상(8권)
복룡산(제1세)(17권)
복룡산(제2세)(17권)
복룡산(제3세)(17권)
복림 선사(13권)
복분 암주(12권)
복선 화상(26권)
복수 화상(13권)
복타밀다(1권)
본계 화상(8권)
본동 화상(14권)
본선 선사(26권)
본인 선사(17권)
본정 선사(5권)
봉 선사(11권)
봉 화상(23권)
봉린 선사(20권)
부강 화상(11권)
부나야사(1권)
부배 화상(8권)
부석 화상(11권)
불암휘 선사(12권)
불여밀다(2권)
불오 화상(8권)
불일 화상(20권)
불타 화상(14권)
불타난제(1권)
붕언 대사(26권)
비 선사(20권)
비구니 요연(11권)
비마암 화상(10권)
비바시불(1권)
비사부불(1권)
비수 화상(8권)
비전복 화상(16권)

ㅅ

사 선사(23권)

사건 선사(17권)
사구 선사(26권)
사귀 선사(22권)
사내 선사(19권)
사눌 선사(21권)
사명 선사(12권)
사명 화상((15권)
사밀 선사(23권)
사보 선사(23권)
사선 화상(16권)
사야다(2권)
사언 선사(17권)
사욱 선사(18권)
사위 선사(20권)
사자 존자(2권)
사정 상좌(21권)
사조 선사(10권)
사지 선사(26권)
사진 선사(22권)
사해 선사(11권)
사호 선사(26권)
삼상 화상(20권)
삼성 혜연(12권)
삼양 암주(12권)
상 선사(22권)
상 화상(22권)
상각 선사(24권)
상관 선사(9권)
상나화수(1권)
상전 화상(26권)
상진 선사(23권)
상찰 선사(17권)
상통 선사(11권)
상혜 선사(21권)
상홍 선사(7권)
서 선사(19권)
서륭 선사(25권)
서목 화상(11권)

서선 화상(10권)
서선 화상(20권)
서암 화상(17권)
석가모니불(1권)
석경 화상(23권)
석구 화상(8권)
석두 희천(14권)
석루 화상(14권)
석림 화상(8권)
석상 경제(15권)
석상 대선(8권)
석상 성공(9권)
석상휘 선사(16권)
석제 화상(11권)
석주 화상(16권)
선각 선사(8권)
선도 선사(20권)
선도 화상(14권)
선미(제3세)(26권)
선본 선사(17권)
선상 대사(22권)
선소 선사(13권)
선소 선사(24권)
선자 덕성(14권)
선장 선사(17권)
선정 선사(20권)
선천 화상(14권)
선쳐 선사(12권)
선혜 대사(27권)
설봉 의존(16권)
성공 선사(14권)
성선사(제3세)(20권)
성수엄 선사(17권)
소 화상(22권)
소계 화상(30권)
소명 선사(26권)
소산 화상(30권)
소수 선사(24권)

색 인 표

소암 선사(25권)
소요 화상(8권)
소원(제4세)(24권)
소자 선사(23권)
소종 선사(12권)
소진 대사(12권)
소현 선사(25권)
송산 화상(8권)
수 선사(24권)
수계 화상(8권)
수공 화상(14권)
수눌 선사(19권)
수눌 선사(26권)
수당 화상(8권)
수로 화상(8권)
수룡산 화상(21권)
수륙 화상(12권)
수빈 선사(21권)
수산 성념(13권)
수안 선사(24권)
수월 대사(21권)
수유산 화상(10권)
수인 선사(25권)
수진 선사(24권)
수청 선사(22권)
순지 대사(12권)
숭 선사(22권)
숭교 대사(23권)
숭산 화상(10권)
숭은 화상(16권)
숭진 화상(23권)
숭혜 선사(4권)
습득(27권)
승 화상(23권)
승가 화상(27권)
승가난제(2권)
승광 화상(11권)
승나 선사(3권)

승둔 선사(26권)
승밀 선사(15권)
승일 선사(16권)
승찬 대사(3권)
시기불(1권)
시리 선사(14권)
신건 선사(11권)
신당 선사(17권)
신라 청원(17권)
신록 선사(23권)
신수 선사(4권)
신안 국사(18권)
신장 선사(8권)
신찬 선사(9권)
실성 대사(22권)
심 선사(23권)
심철 선사(20권)
쌍계전도자(12권)

ㅇ

아난 존자(1권)
악록산 화상(22권)
안선사(제1세)(20권)
암 화상(20권)
암두 전활(16권)
암준 선사(15권)
앙산 혜적(11권)
애 선사(23권)
약산 유엄(14권)
약산(제7세)(23권)
약산고 사미(14권)
양 선사(6권)
양 좌주(8권)
양광 선사(25권)
양수 선사(9권)
언단 선사(22권)
언빈 선사(20권)
엄양 존자(11권)

여눌 선사(15권)
여만 선사(6권)
여민 선사(11권)
여보 선사(12권)
여신 선사(22권)
여체 선사(19권)
여회 선사(7권)
역촌 화상(12권)
연 선사(21권)
연관 선사(24권)
연교 대사(12권)
연규 선사(25권)
연덕 선사(26권)
연무 선사(17권)
연수 선사(26권)
연수 화상(23권)
연승 선사(26권)
연종 선사(19권)
연화(제2세)(23권)
연화상(제2세)(23권)
영 선사(19권)
영가 현각(5권)
영각 화상(20권)
영감 선사(26권)
영감 화상(23권)
영관사(12권)
영광 선사(24권)
영규 선사(15권)
영도 선사(5권)
영명 대사(18권)
영묵 선사(7권)
영서 화상(13권)
영숭(제1세)(23권)
영안(제5세)(26권)
영암 화상(23권)
영엄 선사(23권)
영운 지근(11권)
영준 선사(15권)

영초 선사(16권)
영태 화상(19권)
영평 선사(23권)
영함 선사(21권)
영훈 선사(10권)
오공 대사(23권)
오공 선사(24권)
오구 화상(8권)
오운 화상(30권)
오통 대사(23권)
온선사(제1세)(20권)
와관 화상(16권)
와룡 화상(17권)
와룡 화상(20권)
왕경초상시(11권)
요 화상(23권)
요각(제2세)(21권)
요공 대사(21권)
요산 화상(11권)
요종 대사(21권)
용 선사(20권)
용수 존자(1권)
용계 화상(20권)
용광 화상(20권)
용담 숭신(14권)
용산 화상(8권)
용아 거둔(17권)
용운대 선사(9권)
용준산 화상(17권)
용천 화상(23권)
용청 선사(26권)
용혈산 화상(23권)
용회 도심(30권)
용흥 화상(17권)
우녕 선사(26권)
우두미 선사(15권)
우바국다(1권)
우섭 선사(26권)

색 인 표

우안 선사(26권)	유장 선사(20권)	자광 화상(23권)	조산 본적(17권)
우연 선사(21권)	유정 선사(4권)	자국 화상(16권)	조수(제2세)(24권)
우연 선사(22권)	유정 선사(6권)	자동 화상(11권)	조주 종심(10권)
우진 선사(26권)	유정 선사(9권)	자만 선사(6권)	존수 선사(16권)
운개 지한(17권)	유칙 선사(4권)	자복 화상(22권)	종괴 선사(21권)
운개경 화상(17권)	육긍 대부(10권)	자재 선사(7권)	종귀 선사(22권)
운산 화상(12권)	육통원소선사(17권)	자화 선사(22권)	종랑 선사(11권)
운암 담성(14권)	윤 선사(22권)	장 선사(20권)	종범 선사(17권)
운주 화상(20권)	윤 스님(29권)	장 선사(23권)	종선 선사(24권)
운진 선사(23권)	은미 선사(23권)	장경 혜릉(18권)	종성 선사(23권)
원 선사(22권)	은봉 선사(8권)	장용 선사(22권)	종습 선사(19권)
원 화상(23권)	응천 화상(11권)	장이 선사(10권)	종실 선사(23권)
원광 선사(23권)	의능(제9세)(26권)	장평산 화상(12권)	종의 선사(26권)
원규 선사(4권)	의름 선사(26권)	적조 선사(21권)	종일 선사(21권)
원명 선사(11권)	의소 화상(23권)	전긍 선사(26권)	종일 선사(26권)
원명(제3세)(23권)	의안 선사(14권)	전법 화상(23권)	종전 선사(19권)
원명(제9세)(22권)	의원 선사(26권)	전부 선사(12권)	종정 선사(19권)
원소 선사(26권)	의유(제13세)(26권)	진식 선사(4권)	종지 선사(20권)
원안 선사(16권)	의인 선사(23권)	전심 대사(21권)	종철 선사(12권)
원엄 선사(19권)	의전 선사(26권)	전은 선사(24권)	종현 선사(25권)
원제 선사(26권)	의초 선사(12권)	전초 선사(20권)	종혜 대사(23권)
원조 대사(23권)	의총 선사(22권)	정 선사(21권)	종효 선사(21권)
원지 선사(14권)	의충 선사(14권)	정과 선사(20권)	종흔 선사(21권)
원지 선사(21권)	이산 화상(8권)	정수 대사(22권)	주 선사(24권)
월륜 선사(16권)	이종 선사(10권)	정수 선사(13권)	주지 선사(21권)
월화 화상(24권)	인 선사(19권)	정오 대사(21권)	준 선사(24권)
위 선사(20권)	인 선사(22권)	정오 선사(20권)	준고 선사(15권)
위국도 선사(9권)	인 화상(23권)	정원 화상(23권)	중도 화상(20권)
위부 화엄(30권)	인검 선사(4권)	정조 혜동(26권)	중만 선사(23권)
위산 영우(9권)	인종 화상(5권)	정혜 선사(24권)	중운개 화상(16권)
유 선사(24권)	인혜 대사(18권)	정혜 화상(21권)	중흥 선사(15권)
유 화상(24권)	일용 화상(11권)	제 선사(25권)	증각 선사(23권)
유건 선사(6권)	일자 화상(10권)	제다가(1권)	증선사(제2세)(20권)
유경 선사(29권)	임전 화상(19권)	제봉 화상(8권)	지 선사(4권)
유계 화상(15권)	임제 의현(12권)	제안 선사(7권)	지견 선사(6권)
유관 선사(7권)	임천 화상(22권)	제안 화상(10권)	지관 화상(12권)
유연 선사(17권)		조 선사(9권)	지구 선사(22권)
유원 화상(8권)	ㅈ	조 선사(22권)	지균 선사(25권)

색인표

지근 선사(26권)
지단 선사(22권)
지덕 대사(21권)
지도 선사(5권)
지륜 선사(24권)
지묵(제2세)(22권)
지봉 대사(26권)
지봉 선사(4권)
지부 선사(18권)
지상 선사(5권)
지성 선사(5권)
지암 선사(4권)
지엄 선사(24권)
지옹(제3세)(24권)
지원 선사(16권)
지원 선사(17권)
지원 선사(21권)
지위 선사(4권)
지은 선사(24권)
지의 대사(25권)
지의 선사(27권)
지의 화상(12권)
지장 선사(7권)
지장 화상(24권)
지적 선사(22권)
지조(제3세)(23권)
지진 선사(9권)
지징 대사(26권)
지철 선사(5권)
지통 선사(10권)
지통 선사(5권)
지행(제2세)(23권)
지황 선사(5권)
지휘 선사(20권)
진 선사(20권)
진 선사(23권)
진 존숙(12권)
진각 대사(18권)

진각 대사(24권)
진감(제4세)(23권)
진랑 선사(14권)
진응 선사(13권)
진적 선사(21권)
진적 선사(23권)
진화상(제3세)(23권)
징 선사(22권)
징 화상(24권)
징개 선사(24권)
징원 선사(22권)
징정 선사(21권)
징조 대사(15권)

ㅊ

찰 선사(29권)
창선사(제3세)(20권)
책진 선사(25권)
처미 선사(9권)
처진 선사(20권)
천개유 선사(16권)
천룡 화상(10권)
천복 화상(15권)
천왕원 화상(20권)
천태 화상(17권)
청간 선사(12권)
청교 선사(23권)
청면(제2세)(23권)
청모 선사(24권)
청법 선사(21권)
청석 선사(25권)
청양 선사(13권)
청요 선사(23권)
청용 선사(25권)
청욱 선사(26권)
청원 화상(17권)
청원 행사(5권)

청좌산 화상(20권)
청진 선사(23권)
청품(제8세)(23권)
청해 선사(23권)
청해 선사(24권)
청호 선사(21권)
청환 선사(21권)
청활 선사(22권)
초 선사(20권)
초남 선사(12권)
초당 화상(8권)
초복 화상(15권)
초오 선사(19권)
초증 대사(18권)
초훈(제4세)(24권)
총인 선사(7권)
추산 화상(17권)
충언(제8세)(23권)
취미 무학(14권)
칙천 화상(8권)
침 선사(22권)

ㅌ

타지 화상(8권)
태원부 상좌(19권)
태흠 선사(25권)
통 선사(17권)
통 선사(19권)
통법 도성(26권)
통변 도홍(26권)
통화상(제2세)(24권)
투자 감온(15권)

ㅍ

파조타 화상(4권)
파초 화상(16권)
파초 화상(20권)

포대 화상(27권)
풍 선사(23권)
풍간 선사(27권)
풍덕사 화상(12권)
풍혈 연소(13권)
풍화 화상(20권)

ㅎ

하택 신회(5권)
학륵나(2권)
학림 선사(4권)
한 선사(10권)
한산자(27권)
함계 선사(17권)
함광 선사(24권)
함택 선사(21권)
항마장 선사(4권)
해안 선사(16권)
해호 화상(16권)
행랑 선사(23권)
행명 대사(26권)
행수 선사(17권)
행숭 선사(22권)
행애 선사(23권)
행언 도사(25권)
행인 선사(23권)
행전 선사(20권)
행주 선사(19권)
행충(제1세)(23권)
향 거사(3권)
향성 화상(20권)
향엄 지한(11권)
향엄의단선사(10권)
헌 선사(20권)
현눌 선사(19권)
현량 선사(24권)
현밀 선사(23권)
현사 사비(18권)

색 인 표

현소 선사(4권)
현오 선사(20권)
현정 대사(4권)
현지 선사(24권)
현진 선사(10권)
현책 선사(5권)
현천언 선사(17권)
현천(제2세)(23권)
현칙 선사(25권)
현태 상좌(16권)
현통 선사(18권)
협 존자(1권)
협산 선회(15권)
혜 선사(20권)
혜 선사(22권)
혜 선사(23권)
혜가 대사(3권)
혜각 대사(21권)
혜각 선사(11권)
혜거 국사(25권)
혜거 선사(20권)
혜거 선사(26권)
혜공 선사(16권)
혜광 대사(23권)
혜능 대사(5권)
혜달 선사(26권)
혜랑 선사(14권)
혜랑 선사(21권)
혜랑 선사(26권)
혜렴 선사(22권)
혜류 대사(22권)
혜만 선사(3권)
혜명 선사(25권)
혜방 선사(4권)
혜사 선사(27권)
혜성 선사(14권)
혜성(제14세)(26권)
혜안 국사(4권)

혜오 선사(21권)
혜원 선사(25권)
혜월법단(제3세)(26권)
혜일 대사(11권)
혜장 선사(6권)
혜제 선사(25권)
혜종 선사(17권)
혜철(제2세)(23권)
혜청 선사(12권)
혜초 선사(9권)
혜충 국사(5권)
혜충 선사(4권)
혜충 선사(23권)
혜하 대사(20권)
혜해 선사(20권)
호감 대사(22권)
호계 암주(12권)
홍구 선사(12권)
홍나 화상(8권)
홍변 선사(9권)
홍엄 선사(21권)
홍은 선사(6권)
홍인 대사(3권)
홍인 선사(22권)
홍장(제4세)(23권)
홍제 선사(23권)
홍진 선사(24권)
홍천 선사(16권)
홍통 선사(20권)
화룡 화상(23권)
화림 화상(14권)
화산 화상(17권)
화엄 화상(20권)
환보 선사(16권)
환중 선사(9권)
황룡(제2세)(26권)
황벽 희운(9권)
회기 대사(23권)

회악 선사(18권)
회악(제4세)(20권)
회우 선사(16권)
회운 선사(7권)
회운 선사(20권)
회정 선사(9권)
회주 선사(23권)
회초(제2세)(23권)
회충 선사(16권)
회통 선사(4권)
회해 선사(6권)
횡룡 화상(23권)
효료 선사(5권)
효영(제5세)(26권)
효오 대사(21권)
후 화상(22권)
후동산 화상(20권)
후초경 화상(22권)
휴정 선사(17권)
흑간 화상(8권)
흑수 화상(24권)
흑안 화상(8권)
흥고 선사(23권)
흥법 대사(18권)
흥평 화상(8권)
흥화 존장(12권)
희변 선사(26권)
희봉 선사(25권)
희원 선사(26권)

부록은 농선 대원 선사님의 인가 내력과 법어 그리고 대원 선사님께서 직접 작사하신 노래 가사를 실었다. 특히 요즘 선지식 없이 공부하는 이들을 위하여 수행의 길로부터 불보살님의 누림까지 닦아 증득할 수 있도록 '부록4'에 '가슴으로 부르는 불심의 노래' 가사를 담았으니 끝까지 정독하여 수행의 요긴한 지침이 되기를 바란다.

부 록

부록1 농선 대원 선사님 인가 내력 297

부록2 농선 대원 선사님 법어 305

부록3 21세기에 인류가 해야 할 일 325

부록4 가슴으로 부르는 불심의 노래 329

농선 대원 선사님 인가 내력

제 1 오도송

이 몸을 끄는 놈 이 무슨 물건인가?
골똘히 생각한 지 서너 해 되던 때에
쉬이하고 불어온 솔바람 한 소리에
홀연히 대장부의 큰 일을 마치었네

무엇이 하늘이고 무엇이 땅이런가
이 몸이 청정하여 이러-히 가없어라
안팎 중간 없는 데서 이러-히 응하니
취하고 버림이란 애당초 없다네

하루 온종일 시간이 다하도록
헤아리고 분별한 그 모든 생각들이
옛 부처 나기 전의 오묘한 소식임을
듣고서 의심 않고 믿을 이 누구인가!

此身運轉是何物
疑端汨沒三夏來
松頭吹風其一聲
忽然大事一時了

何謂靑天何謂地
當體淸淨無邊外
無內外中應如是
小分取捨全然無

一日於十有二時
悉皆思量之分別
古佛未生前消息
聞者卽信不疑誰

대원 선사님의 스승이신 불조정맥 제77조 조계종(曹溪宗) 전강(田岡) 대선사님께서 1962년 대구 동화사의 조실로 계실 당시 대원 선사님께서도 동화사에 함께 머무르고 계셨다.
하루는 전강 대선사님께서 대원 선사님의 3연으로 되어 있는 제1오도송을 들어 깨달은 바는 분명하나 대개 오도송은 짧게 짓는다고 말씀하셨다. 이에 대원 선사님께서는 제1오도송을 읊은 뒤, 도솔암을 떠나 김제들을 지나다가 석양의 해와 달을 보고 문득 읊었던 제2오도송을 일러드렸다.

　　제 2 오도송

　해는 서산 달은 동산 덩실하게 얹혀 있고
　김제의 평야에는 가을빛이 가득하네
　대천이란 이름자도 서지를 못하는데
　석양의 마을길엔 사람들 오고 가네

　日月兩嶺載同模
　金提平野滿秋色
　不立大千之名字
　夕陽道路人去來

제2오도송을 들으신 전강 대선사님께서는 이에 그치지 않고 그와 같은 경지를 담은 게송을 이 자리에서 즉시 한 수 지어볼 수 있겠냐고 하셨다. 대원 선사님께서는 곧바로 다음과 같이 읊으셨다.

　바위 위에는 솔바람이 있고
　산 아래에는 황조가 날도다

대천도 흔적조차 없는데
달밤에 원숭이가 어지러이 우는구나

岩上在松風
山下飛黃鳥
大千無痕迹
月夜亂猿啼

전강 대선사님께서는 위 송의 앞의 두 구를 들으실 때만 해도 지그시 눈을 감고 계시다가 뒤의 두 구를 마저 채우자 문득 눈을 뜨고 기뻐하는 빛이 역력하셨다.

그러나 전강 대선사님께서는 여기에서도 그치지 않고 다시 한 번 물으셨다.

"대중들이 자네를 산으로 불러내어 그 중에 법성(향곡 스님 법제자인 진제 스님. 동화사 선방에 있을 당시에 '법성'이라 불렸고, 나중에 '법원'으로 개명하였다.)이 달마불식(達磨不識) 도리를 일러보라 했을 때 '드러났다'라고 답했다는데, 만약에 자네가 당시의 양무제였다면 '모르오'라고 이르고 있는 달마 대사에게 어떻게 했겠는가?"

대원 선사님께서 답하셨다.

"제가 양무제였다면 '성인이라 함도 서지 못하나 이러-히 짐의 덕화와 함께 어우러짐이 더욱 좋지 않겠습니까?' 하며 달마 대사의 손을 잡아 일으켰을 것입니다."

전강 대선사님께서 탄복하며 말씀하셨다.

"어느새 그 경지에 이르렀는가?"

"이르렀다곤들 어찌하며, 갖추었다곤들 어찌하며, 본래라곤들 어찌하리까? 오직 이러-할 뿐인데 말입니다."

대원 선사님께서 연이어 말씀하시자 전강 대선사님께서 이에 환희하시니 두 분이 어우러진 자리가 백아가 종자기를 만난 듯, 고수명창 어울리듯 화기애애하셨다.

달마불식 공안에 대한 위의 문답은 내력이 있는 것이다. 전강 대선사님께서 대원선사님을 부르시기 며칠 전에, 저녁 입선 시간 중에 노장님 몇 분만이 자리에 앉아있을 뿐 자리가 텅텅 비어 있었다고 한다.

대원 선사님께서 이상히 여기고 있던 중, 밖에서 한 젊은 수좌가 대원선사님을 불렀다. 그 수좌의 말이 스님들이 모두 윗산에 모여 기다리고 있으니 가자고 하기에 무슨 일인가 하고 따라가셨다.

그러자 그 자리에 있던 법성 스님이 보자마자 달마불식 법문을 들고 이르라고 하기에 지체없이 답하셨다.

"드러났다."

곁에 계시던 송암 스님께서 또 안수정등 법문을 들고 물으셨다.

"여기서 어떻게 살아나겠소?"

대뜸 큰소리로 이르셨다.

"안·수·정·등."

이에 좌우에 모인 스님들이 함구무언(緘口無言)인지라 대원 선사님께서는 먼저 그 자리를 떠나 내려와 버리셨다.

그 다음날 입승인 명허 스님께서 아침 공양이 끝난 자리에서 지난 밤 입선시간 중에 무단으로 자리를 비운 까닭을 묻는 대중 공사를 붙여

산 중에서 있었던 일들이 낱낱이 드러나고 말았다. 그리하여 입선시간 중에 자리를 비운 스님들은 가사 장삼을 수하고 조실인 전강 대선사님께 참회의 절을 했던 일이 있었다.

　전강 대선사님께서는 이때에 대원 선사님께서 달마불식 도리에 대해 일렀던 경지를 점검하셨던 것이다.

　이런 철저한 검증의 자리가 있었던 다음 날, 전강 대선사님께서 부르시기에 대원 선사님께서 가보니 모든 것이 약조된 데에서 주지인 월산(月山) 스님께서 입회해 계셨으며 전강 대선사님께서는 곧바로 다음과 같이 전법게(傳法偈)를 전해주셨다.

　　　전 법 게

　부처와 조사도 일찍이 전한 것이 아니거늘
　나 또한 어찌 받았다 하며 준다 할 것인가
　이 법이 2천년대에 이르러서
　널리 천하 사람을 제도하리라

　佛祖未曾傳
　我亦何受授
　此法二千年
　廣度天下人

　덧붙여 이 일은 월산 스님이 증인이며 2000년까지 세 사람 모두 절대 다른 사람이 알게 하거나 눈에 띄게 하지 않아야 한다고 당부하셨다.

 만약 그러지 않을 시에는 대원 선사님께서 법을 펴 나가는데 장애가 있을 것이라고 예언하셨다. 또한 각별히 신변을 조심하라 하시고 월산 스님에게 명령해 대원선사님을 동화사의 포교당인 보현사에 내려가 교화에 힘쓰게 하셨다.

 대원 선사님께서 보현사로 떠나는 날, 전강 대선사님께서는 미리 적어두셨던 부송(付頌)을 주셨으니 다음과 같다.

부 송

어상을 내리지 않고 이러-히 대한다 함이여
뒷날 돌아이가 구멍 없는 피리를 불리니
이로부터 불법이 천하에 가득하리라

不下御床對如是
後日石兒吹無孔
自此佛法滿天下

 위의 게송에서 '어상을 내리지 않고 이러-히 대한다 함이여'라는 첫째 줄 역시 내력이 있는 구절이다.

 전에 대원 선사님께서 전강 대선사님을 군산 은적사에서 모시고 계실 당시 마당에서 홀연히 마주쳤을 때 다음과 같은 문답이 있었다.

 전강 대선사님께서 물으셨다.

 "공적(空寂)의 영지(靈知)를 이르게."

대원 선사님께서 대답하셨다.

"이러-히 스님과 대담(對談)합니다."

"영지의 공적을 이르게."

"스님과의 대담에 이러-합니다."

"어떤 것이 이러-히 대답하는 경지인가?"

"명왕(明王)은 어상(御床)을 내리지 않고 천하 일에 밝습니다."

위와 같은 문답 중에 대원 선사님께서 답하신 경지를 부송의 첫째 줄에 담으신 것이다.

전강 대선사님께서 대원선사님을 인가(印可)하신 과정을 볼 때 한 번, 두 번, 세 번을 확인하여 철저히 점검하신 명안종사의 안목에 탄복하지 않을 수 없으며 이에 끝까지 1초의 머뭇거림도 없이 명철하셨던 대원선사님께 찬탄하지 않을 수 없다.

그리하여 법열로 어우러진 두 분의 자리가 재현된 듯 함께 환희용약하지 않을 수 없다.

이제 전강 대선사님과 약속한 2천년대를 맞이하였으므로 여기에 전법게를 밝힌다.

이로써 경허, 만공, 전강 대선사님으로 내려온 근대 대선지식의 정법의 횃불이 이 시대에 이어져 전강 대선사님의 예언대로 불법이 천하에 가득할 것이다.

농선 대원 선사님 법어

 깨달음은 실증실수다. 그러나 지금의 불교가 잘못된 견해와 지식으로 불조의 가르침을 왜곡하고 견성성불 하고자 애쓰는 수행인들을 오히려 길을 잃고 헤매게 하고 있다.
 그래서 이 장에서는 대원 선사님의 혜안으로 제방에서 논의되는 불교의 핵심적인 대목을 밝혀, 불조의 근본 종지를 드러내고 불교가 나아가야 할 바를 보였다.
 깨달음의 정수를 담은 12게송은 실제 깨닫지 못하고 말로만 깨달음을 말하거나 혹은 깨달았다 해도 보림이 미진한 이들을 경계하게 하며 실증의 바탕에서 닦아 증득할 수 있도록 하였으니, 생사를 결단하고 본연한 참나를 회복하려는 이들에게 칠흑 같은 밤길에 등불과 같은 길잡이가 될 것이다.

화두실참

　제방의 선방 상황을 보면 목적지에 이르는 길을 몰라 노정길을 묻고 있는 격이다. 무자와 이뭐꼬 화두가 최고라 하면서도 실제 실참을 하지 못하고 있기 때문이다. '이 무엇인고?' 하면서 이 눈으로 보려 한다면 경계 위에서 찾는 것이어서 억만 겁을 두고 찾아도 찾을 수 없다. 그러므로 깨달아 일체종지를 이룬 스승의 분명한 안목의 지도가 없다면 화두를 들든, 관법을 행하든, 염불을 하든 깨달음을 기약한다는 것이 정말 어렵다 할 것이다.

개유불성

　부처님께서 분명히 준동함령 개유불성(蠢動含靈 皆有佛性)이라고 하셨다. 이것은 모든 만물이 다 부처가 될 성품을 갖고 있다는 뜻이다. 불성이 하나라고 주장하는 목소리가 불교계에 드높으나 이것은 개유불성 즉, 낱낱이 제 불성은 제가 지니고 있다는 부처님의 말씀을 정면으로 어기는 말이다.

　옛 선사님 말씀에 '천지(天地)가 여아동근(與我同根)이고 만물(万物)이 여아일체(與我一切)'라고 했다. '천지가 여아동근이다'라는 것은 하늘 땅이 나와 더불어 같은 뿌리라는 말이다.
　'나와 더불어'라고 했고 또한 한 뿌리가 아니라 같은 뿌리라고 했다. '더불 여(與)'자와 '같을 동(同)'자가 이미 하나라 할 수 없다는 것을 말해주고 있다. 즉 이 말은 하나와도 같다, 한결같이 똑같다는 말이다. 하나라면 '같을 동'자 뿐만 아니라 일이란 글자도 설 수 없다. 일은 이가 있을 때에야 비로소 설 수 있는 것이다.
　그러므로 '천지가 여아동근이다' 즉 하늘과 땅이 나와 더불어 같은 뿌리라는 것은 모든 것이 한결같이 가없는 성품 자체에서 비롯되었다는 말이다.
　또한 '만물이 여아일체이다' 즉 만물이 나와 더불어 한 몸이라는 말에서 일체란 하나의 몸을 말하는 것이 아니라 모든 불성이 가없는 성품 자체로 서로 상즉한 온통인 몸을 말하는 것이어서 만물이 나와 더불어 상즉한 자체를 말한 것이다.

공부를 많이 한 사람이 외도에 깊이 떨어지는 경우가 있다. 인가를 받지 못한 선지식들이 모두 체성을 보지 못한 이는 아니다. 가없는 성품 자체에 사무치고 보니 도저히 둘일 수가 없으므로 불성이 하나라고 한 것이다. 그러나 불성이 하나라고 하는 것은 바른 깨달음이 아니다. 그래서 인가를 받지 않으면 외도라 하는 것이다. 체성에 사무쳤다 해도 스승의 지도를 받아 일체종지를 이루지 못하면 이런 큰 허물을 짓는 것이다.

만약 불성이 하나라고 하는 이가 있으면 "아픈 것을 느끼는 것이 몸뚱이냐, 자성이냐?"라고 물어야 한다. 그러면 당연히 누구나 자성이라고 답할 것이다. 만약 몸뚱이가 아픔을 느끼는 것이라면 시체도 아픔을 느껴야 하기 때문이다. 이렇게 볼 때에 자성이 하나라면 누군가 아플 때 동시에 모두 아픔을 느껴야 할 것이다. 또한 한 사람이 생각을 일으킬 때 이를 모두 알아야 한다. 불성이 하나라면 마음도 하나여서 다른 마음이 있을 수 없기 때문이다.

돈오돈수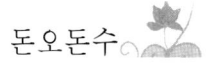

제방에 돈오돈수(頓悟頓修)에 대한 여러 가지 서로 다른 주장으로 시비가 끊어지지 않고 있다. 이로 인해 수행자들이 견성하면 더 이상 닦을 것이 없다는 그릇된 견해에 집착하거나 의심을 일으킬까 염려하여 여기에 바른 돈오돈수의 이치를 밝히고자 한다.

견성이 곧 돈오돈수라고 하는 분들이 많다.
그러나 견성이 곧 구경지인 성불이라면 돈오면 그만이지 돈수란 말은 왜 해놓았겠는가?
또한 오후보림(悟後保任)이라는 말은 무슨 말인가.

금강경에는 네 가지 상(我相, 人相, 衆生相, 壽者相)만 여의면 곧 중생이 아니라는 말이 수없이 되풀이되고 있다.
그런데 제구 일상무상분(第九 一相無相分)을 볼 때 다툼이 없는(곧 모든 상을 여읜) 삼매인(三昧人) 가운데 제일인 아라한도 구경지가 아니니 보살도를 닦아 등각을 거쳐야 구경성불인 묘각지에 이른다는 사실을 알 수 있다.
또한, 제이십삼 정심행선분(第二十三 淨心行善分)을 보면 부처님께서 "아도 없고, 인도 없고, 중생도 없고, 수자도 없는 가운데 모든 선법(善法)을 닦아야 곧 아뇩다라삼먁삼보리를 얻는다."라고 말씀하시고 있으니 이것은 다름이 아니라 견성한 후에 견성을 한 지혜로써 항상 체성을 여의지 않고, 남은 업을 모두 닦아 본래 갖춘 지혜덕상을 원만하게 회복시켜야 구경성불할 수 있다는 말씀이다.

그렇다면 어째서 돈수일까?
'돈'이란 시공이 설 수 없는 찰나요, '수'란 시간과 공간 속에서 닦는 것이다.
단박에 마친다면 '돈'이면 그만이고, 견성 이전이든 이후든 닦음이 있다면 '수'라고만 할 것이지 어째서 돈과 수가 함께 할 수 있을까? 그야말로 물의 차고 더움은 그 물을 마셔본 자만이 알듯이 깨달은 사람만이 알 것이다.

사무쳐 깨닫고 보니 시공이 서지 않아 이러-히 닦아도 닦음이 없으니 네 가지 상이 없는 가운데 모든 선법을 닦는 것이요, 단박에 깨달으니 색공(色空)이 설 수 없어 이러-한 경지에서 닦음 없이 닦으니 네 가지 상이 없는 가운데 모든 선법을 닦는 것이다.
이와 같이 깨달아서 깨달은 바 없고, 닦아서는 닦은 바 없이 닦아, 남음이 없는 구경지인 성불에 이르는 과정을 돈오돈수라 한다.

견성하면 마음 이외의 다른 물건이 없는 경지인데 어떻게 닦음이 있을 수 있는가 하고 의심하는 분들이 많다. 그러나 견성했다 해도 헤아릴 수 없는 겁 동안에 길들여온 업으로 인하여 경계를 대하면 깨달아 사무친 바와 늘 일치하지는 못한다.

그래서 견성한 지혜로써 항상 체성을 여의지 않고 억겁에 익혀온 업을 제거하고 지혜 덕상을 원만하게 회복시켜야 구경성불할 수 있다.

이것이 앞에서 밝혔듯 금강경에서 부처님께서 하신 말씀이요, 돈오돈수를 주창한 당사자인 육조 대사님께서 하신 말씀이다.

육조단경 돈황본 이십칠 상대법편과 이십팔 참됨과 거짓을 보면 육조 대사님께서 당신의 설법언하에 대오하고도 슬하에서 3, 40년간 보림한 십대 제자들을 모아놓고 말씀하신다.

"내가 떠난 뒤에 너희들은 각각 일방의 지도자가 될 것이다. 그러므로 내가 너희들에게 설법하는 것을 가르쳐서 근본종지를 잃지 않도록 해주리라. 나오고 들어감에 곧 양변을 여의도록 하라." 하시고 삼과(三科)의 법문과 삼십육대법(三十六對法)을 설하셨다.

뿐만 아니라 2, 3개월 후 다시 십대 제자들을 모아놓고 "8월이 되면 세상을 떠나고자 하니 너희들은 의심이 있거든 빨리 물어라. 내가 떠난 뒤에는 너희들을 가르쳐 줄 사람이 없다." 하시며 진가동정게(眞假動靜偈)를 설하시고 외워 가져 수행하여 종지를 잃지 않도록 하라고 거듭 당부를 하시고 있다.

이것을 보아서도 이 사람이 말한 돈오돈수와 육조 대사께서 말씀하신 돈오돈수가 같다는 것을 알 수 있을 것이다.

다시 한 번 밝히자면 돈오란 자신의 체성을 단박에 깨닫는 것이요, 돈수란 깨달은 체성의 지혜로써 닦음 없이 닦는 것으로 이것이 곧 오후 보림이며, 수행자들이 퇴전하지 않고 구경성불할 수 있는 바른 수행의 길이다.

다음은 전등록 제 9권에서 추출한 것이다.

"돈오(頓悟)한 사람도 닦아야 합니까?"

"만일 참되게 깨달아 근본을 얻으면 그대가 스스로 알게 될 것이니 닦는다, 닦지 않는다 하는 것은 두 가지의 말일 뿐이다. 처음으로 발심한 사람들이 비록 인연에 따라 한 생각에 본래의 이치를 단박에 깨달았으나 아직도 비롯함이 없는 여러 겁의 습기(習氣)는 단박에 없어지지 않으므로, 그것을 깨끗이 하기 위하여 현재의 업과 의식의 흐름을 차츰차츰 없애야 하나니 이것이 닦는 것이다. 그것에 따로이 수행하게 하는 법이 있다고 말하지 마라.

들음으로 진리에 들고, 진리를 듣고 묘함이 깊어지면 마음이 스스로 두렷이 밝아져서 미혹한 경지에 머무르지 않으리라. 비록 백천 가지 묘한 이치로써 당대를 휩쓴다 하여도 이는 자리에 앉아서 옷을 입었다가 다시 벗는 것으로써 살림을 삼는 것이니, 요약해서 말하면 실제 진리의 바탕에는 한 티끌도 받아들이지 않지만 만행을 닦는 부문에서는 한 법도 버리지 않느니라. 만일 깨달았다는 생각마저 단번에 자르면 범부니 성인이니 하는 생각이 다하여, 참되고 항상한 본체가 드러나 진리와 현실이 둘이 아니어서 여여한 부처이니라."

"무엇이 돈오(頓悟)이며, 무엇을 점수(漸修)라 합니까?"

"자기의 성품이 부처와 똑같다는 것은 단박에 깨달았으나 비롯함이 없는 옛적부터의 습관은 단박에 제거할 수 없으므로 차츰 물리쳐서 성품에 따라 작용을 일으켜야 하니, 마치 사람이 밥을 먹을 때에 첫술에 배가 부르지 않는 것과 같다."

희비송(喜悲頌)

이름도 없고 상도 없는 일 없는 사람이
태평의 노래를 흥에 취해 불렀더니
때도 없고 끝도 없는 구제의 일이
대천세계에 충만히 펼쳐졌네

無名無相無事人
太平之歌唱興醉
無時無端救濟事
大千世界布充滿

정신송(正信頌)

이름도 없고 상도 없는 이 바탕인 몸이여
이 바탕을 깨달은 믿음이라야 이 바른 믿음이라
이와 같은 믿음이 없이는 마음이 나라 말라
눈 광명이 땅에 떨어질 때 한이 만단이나 되리라

無名無相是地體
悟地之信是正信
若無是信莫心我
眼光落地恨萬端

진심송(眞心頌)

이름도 없고 상도 없는 이 진공이여
공이라는 공은 공이라 함마저도 없는 이 참 바탕이라
이와 같은 바탕이라야 이 공인 몸이니
이와 같은 몸이 아니면 참다운 마음이 아니니라

無名無相是眞空
空空無空是眞地
如是之地是空體
如是非體非眞心

업신송(業身頌)

업의 몸이란 것은 고통의 근본이요
업의 마음이란 것은 환란의 근본이니라
업의 행이란 것은 다툼의 근본이요
업의 일이란 것은 허망의 근본이니라

業身乃苦痛之本
業心乃患亂之本
業行乃鬪爭之本
業事乃虛妄之本

보림송(保任頌) 1

업의 몸을 다스리는 데는 계행이 최상이요
업의 마음을 다스리는 데는 인내가 최상이니라
계행과 인내로 잘 다스리면 보림이 순조롭고
보림이 잘 이루어지면 구경에 이르느니라

治業身之戒最上
治業心之忍最上
善治戒忍順保任
善成保任至究竟

보림송(保任頌) 2

육신의 욕망은 하나까지라도 모두 버려야 하고
육신을 향한 생각은 남음이 없이 버려야 하느니라
이와 같이 보림하면 업이 중한 사람일지라도
당생에 반드시 구경지를 성취하리라

肉身欲望捨都一
肉身向思捨無餘
如是保任重業人
當生必成究竟地

공성본질송(空性本質頌) 1

무극인 빈 성품의 본래 몸은
언어나 마음과 행위로 표현 못 하나
모든 부처님과 만물이 이로 좇아 생겼으며
궁극에 일체가 돌아가 의지할 곳이니라

無極空性之本體
言語道斷滅心行
諸佛萬物從此生
窮極一切歸依處

공성본질송(空性本質頌) 2

혼연한 빈 바탕을 이름해서 무아라 하고
무아의 다른 이름이 이 무극이니라
유정 무정이 이로 좇아 생겼으며
궁극에 일체가 돌아가 의지할 곳이니라

渾然空地名無我
無我異名是無極
有情無情從此生
窮極一切歸依處

공성본질송(空性本質頌) 3

이러-히 밝게 사무친 것을 이름해서 견성이라 하고
이 바탕에 밝게 사무쳐야 바르게 깨달은 사람이니
도를 닦는 사람은 반드시 명심해서
각자 관조하여 그릇 깨달음이 없어야 하느니라

如是明徹名見性
是地明徹正悟人
修道之人必銘心
各者觀照無非悟

명정오송(明正悟頌)

밝지도 어둡지도 않은 곳을 향해서
그윽한 본래의 바탕에 합하여야
이것을 진실한 깨달음이라 하는 것이니
그렇지 않다면 바른 깨달음이 아니니라

向不明暗處
冥合本來地
此是眞實悟
不然非正悟

무아송(無我頌)

중생들이 말하는 무아라는 것은
변하고 달라지는 나를 말하는 것이요
깨달은 사람의 무아는
변하지 않는 나를 말하는 것이다

衆生之無我
變異之言我
悟人之無我
不變之言我

태시송(太始頌)

탐착한 묘한 광명에 합한 것이 상을 이루었고
상에 집착하여 사는데서 익힌 것이 모든 업을 이루었다
업을 인해서 만반상이 생겨 나왔으며
만상으로 해서 만반법이 생겨 나왔다

貪着妙光合成相
執相生習成諸業
因業生出萬般象
萬象生出萬般法

21세기에 인류가 해야 할 일

 이 사람은 1962년 26세 때부터 21세기에 인류에게 닥칠 공해문제, 에너지문제를 예견하고 대체에너지(무한원동기, 태양력, 파력, 풍력 등) 개발과 '울 안의 농법'을 연구하고 그 필요성을 많은 이들에게 이야기해 왔습니다.
 당시에는 너무 시대를 앞서가는 이야기여서인지 일반인들이 수용하지 못하고 오히려 불신의 눈으로 바라보며 이 사람의 법마저 의심하였습니다. 하지만 현대에 있어서는 이것이 인류가 해결해야 할 가장 절박한 사안이 되어 있습니다.
 '사막화방지 국제연대'를 설립한 것도 현재 인류가 해결해야 할 가장 절박한 지구환경문제를 이슈화시키고 그 해결책을 제시하여 재앙에 직면한 지구촌을 살리기 위해서입니다.
 '사막화방지 국제연대'에서 추진하고 있는 사막화 방지, 지구 초원

화, 대체에너지 개발은 온 인류가 발 벗고 나서서 해야 할 일입니다.

　첫 번째 사막화 방지에 있어서 기존에 해왔던 '나무심기 사업'은 천문학적인 예산과 많은 인력을 동원하고도 극도로 황폐한 사막화된 환경을 되살리는 데 실패하였습니다.

　그래서 이 사람은 사막화 방지에 있어서는 '사막 해수로 사업'을 새로운 방안으로 제시하였습니다.

　사막 해수로 사업은 사막화된 지역에 수도관을 매설하여 바닷물을 끌어들여서 염분에 강한 식물을 중심으로 자연생태계를 복원하는 사업입니다.

　이것은 나무심기 사업으로 심은 나무들이 절대적으로 물이 부족하여 생존할 수 없었던 문제를 해결할 수 있는, 현재로서는 유일한 해결책입니다.

　그러나 '사막화방지 국제연대'의 목적은 사막이 확장되는 것을 방지하자는 것이지 사막 전체를 완전히 없애자는 것은 아닙니다. 인체에서 심장이 모든 피를 전신의 구석구석까지 골고루 보내어 살아서 활동하게 하듯이 사막은 오히려 지구의 심장 역할을 하는 중요한 곳이기 때문입니다.

　그래서 21세기에 있어서는 다만 사막의 확장을 방지할 뿐 아니라 사막을 어떻게 운용하느냐를 연구해야 합니다.

　사막에 바둑판처럼 사방이 막힌 플륨관 수로를 설치하여 동, 서, 남, 북 어느 방향의 수로를 얼마만큼 채우느냐 비우느냐에 따라, 사막으로부터 사방 어느 방향으로든 거리까지 조절하여, 원하는 지역에 비를 내리게 하고 그치게 할 수 있습니다. 철저히 과학적인 데이터에 의해 이렇게 사막을 운용함으로써 21세기의 지구를 풍요로운 낙원시대로 만들어가야 합니다.

두 번째로 지구를 초원화할 수 있는 방안으로 3년간의 실험을 통해, 광활한 황무지 지역을 큰 비용을 들이거나 많은 인력을 동원하지 않고도 짧은 시간 내에 초지로 바꿀 수 있는 식물을 찾아냈습니다.

그것은 바로 '돌나물'입니다. 돌나물은 따로 종자를 심을 필요가 없이 헬리콥터나 비행기로 살포해도 생존, 번식할 수 있으며, 추위와 더위, 황폐한 땅에서도 살아남을 수 있는 생명력과 번식력이 강한 식물입니다.

지구환경을 되살리는 초지조성 사업에 있어서 이것이 큰 도움이 되리라 생각합니다.

세 번째의 대체에너지 개발에 있어서는 태양력, 파력, 풍력 등 1962년도부터 이 사람이 연구하고 얘기해왔던 방법들이 이미 많이 개발되어 실용화한 단계에 있습니다.

이 세 가지 일은 한 개인이나 한 국가가 할 수 있는 일이 아닙니다. 모든 국가가 앞장서서 전세계적인 사업으로 이루어져야 합니다. 모든 국가가 함께 하는 기금조성이 이루어져야 하고 기금조성에 참여한 국가는 이 시스템에 의한 전면적인 혜택을 입을 수 있도록 해야 합니다.

인류 모두가 지혜를 모아 이 일에 전력을 다한다면 인류는 유사 이래 가장 좋은 시절을 맞이하게 될 것이며, 만약 이 일을 남의 일인 양 외면한다면 극한의 재앙을 면할 수 없을 것입니다.

이 사람이 오래 전부터 얘기해왔던 '울 안의 농법'은 이미 미국 라스베이거스(Las Vegas)에서 30층짜리 '고층 빌딩 농장'으로 구현되었습니다. 그렇게 크게도 운영될 수 있지만 각자 자신의 집에서 이루어지는 '울 안의 농법'도 필요합니다.

21세기에 있어서 또 하나 인류가 만일의 사태를 대비해서 연구, 추진해야 될 일이 있다면 바닷속에서의 수중생활, 수중경작입니다.

지구 온난화가 심화될 경우, 공기가 너무 많이 오염될 경우, 바닷물이 높아져 살 땅이 좁아질 경우 등에 대비할 때, 인류는 우주에서의 삶보다는 바닷속에서의 삶을 준비해야 합니다. 왜냐하면 그것이 훨씬 수월하고 비용도 절감할 수 있기 때문입니다.

이렇게 깨달은 이는 이변적으로는 깨달음을 얻게 하여 영생불멸의 삶을 영위할 수 있도록 만인을 이끌어야 하며 사변적으로는 일반인이 예측할 수 없는 백 년, 천 년 앞을 내다보아 이를 미리 앞서 대비하도록 만인의 삶을 이끌어줘야 한다고 생각합니다.

불법의 뜻은 다만 진리 전수에만 있는 것이 아니니, 만인이 서로 함께 영원한 극락을 누릴 때까지 물심양면으로, 이사일여로 베풀어 교화해야 하기 때문입니다.

가슴으로 부르는 불심의 노래

여기에 실린 가사는 모두 농선 대원 선사님께서 직접 작사하신 것이다. 수행의 길로 들어서게끔 신심, 발심을 북돋아주는 가사로부터 수행의 길로 접어든 이의 구도의 몸부림이 담겨있는 가사, 대승의 원력을 발해서 교화하는 보살의 자비심과 함께 낙원세계를 누리는 풍류를 그려놓은 가사까지 한마디, 한마디가 생생하여 그 뜻이 뼛속 깊이 새겨지고 그 멋에 흠뻑 취하게 된다. 농선 대원 선사님께서는 거칠고 말초적인 요즘의 노래를 듣고 이러한 정서를 순화시키고자, 또한 수행의 마음을 진작시키고자 하는 뜻에서 이 가사들을 쓰셨다.

 그래야지

1.
마음으로 물질로써
갖가지로 베푸는 것
생활화한 국민되어
이뤄내는 국가되세
그래야지 그래야지
얼씨구나 좀 더 좋다

그런 이웃 그런 나라
이뤄내서 사노라면
모든 나라 따르리니
그리되면 지상낙원
그래야지 그래야지
얼씨구나 좀 더 좋다

별중의 별 될 것이니
선조의 뜻 이룸이라
후손으로 할 일 해낸
자부심이 치솟누나
그래야지 그래야지
얼씨구나 좀 더 좋다

얼씨구야 절씨구야
좀 더 좋고 좀 더 좋다
얼씨구야 절씨구야
좀 더 좋고 좀 더 좋다

아리랑 아리랑 아라리요
아리랑 고개를 넘어간다

2.
그래야지 그래야지
혼자 삶이 아닌 세상
웬만하면 넘어가는
아량으로 살아가세
그래야지 그래야지
얼씨구나 좀 더 좋다

부딪히면 틀어져서
소통의 길 막히나니
그러므로 눈 감아줘
참는 것이 상책일세
그래야지 그래야지
얼씨구나 좀 더 좋다

걸린 생각 비워내서
한결같이 사노라면
복이되어 돌아옴을
실감할 날 있을 걸세
그래야지 그래야지
좀 더 좋고 좀 더 좋다

얼씨구야 절씨구야
좀 더 좋고 좀 더 좋다
얼씨구야 절씨구야
좀 더 좋고 좀 더 좋다

아리랑 아리랑 아라리요
아리랑 고개를 넘어간다

 마음

1.
시작도 없는 마음
끝남도 없는 마음

온통으로 드러나
언제나 같이 있어

어떤 것도 가릴 수
전혀 없는 그 마음

고고하고 당당한
영원한 마음일세

아리랑 아리랑 아라리요
아리랑 고개를 넘어간다
청천 하늘에 잔별도 많고
요내 가슴에는 희망도 많다

2.
모두를 마음으로
시도를 뭐든 해봐

안되는 일 없어서
사는 데 불편없고

하고프면 하면 돼
뜻 펼치는 삶이니

즐겁고도 즐거운
누리는 삶이로세

아리랑 아리랑 아라리요
아리랑 고개를 넘어간다
청천 하늘에 잔별도 많고
요내 가슴에는 희망도 많다

 그리운 님

환갑 진갑 다 지난 삶 살다보니
석양 노을 바라보다 텅 빈 가슴
외로움에 철이 드나 생각나는
님이시여 이 몸마저 자유롭지
못한 괴롬 닥쳐서야 님의 말씀
들려오는 철없던 삶 후회하며
외쳐 찾는 님이시여 지는 해를
붙들고서 맘이 나된 삶으로써
나고 죽는 모든 고통 없는 삶을
누리라는 그 말씀이 빛이 되어
외쳐지는 님이시여 이제라도
실천 실행 하오리다 이끌어만
주옵소서 님이시여 내 님이여

사는게 아리랑 고개

1.
이 마음이 내가 되니
나고 죽음 본래 없고
이리 보고 저리 봐도
허공까지 내 몸일세
신기하고 신기하다
신기하고 신기해

이 마음이 내가 되니
안 되는 일 전혀 없어
잡된 생각 사라지고
두려움도 없어졌네
신기하고 신기하다
신기하고 신기해

이 마음이 내가 되니
끝이 없이 자유롭고
잠 못 이룬 괴로움과
공황장애 흔적 없네
신기하고 신기하다
신기하고 신기해

아리랑 아리랑
아라리요
아리랑 고개를 넘어왔다

2.
이 마음이 내가 되니
맘 먹은 일 순조롭고
살아가는 나날들이
마음광명 누림일세
신기하고 신기하다
신기하고 신기해

이 마음이 내가 되니
마음광명 누림이라
나날들이 평화롭고
자신감이 넘쳐나네
신기하고 신기하다
신기하고 신기해

이 마음이 내가 되니
대인관계 순조로와
일일마다 즐거웁고
웃음꽃이 피어나네
신기하고 신기하다
신기하고 신기해

아리랑 아리랑
아라리요
아리랑 고개를 넘어왔다

평화로운 삶

1.
이 몸을 나로 아는
하나의 실수로서
우주가 생긴 이래

얼마나 많은 고통
겪어들 왔었던가
치떨린 일이로세

뭘 해야 그 반복을
금생에 끊어버려
그 고통 벗어날까

생각코 생각하니
그 해결 내게 있네
마음이 나 된걸세

아리랑 아리랑 아라리요
아리랑 고개를 넘어간다
청천 하늘엔 잔별도 많고
이내 가슴엔 희망도 많다

2.
마음이 내가 되면
그 어떤 것이라도
더 이상 필요찮고

마음이 내가 되면
미묘한 갖은 공덕
스스로 갖춰 있고

마음이 내가 되면
그 모든 근심 걱정
씻은 듯 사라지고

마음이 내가 되면
이 생과 저 세상이
당초에 없는 걸세

아리랑 아리랑 아라리요
아리랑 고개를 넘어간다
청천 하늘엔 잔별도 많고
이내 가슴엔 희망도 많다

3.
마음이 내가 되면
어제와 내일 일을
눈 앞 일 알 듯하고

마음이 내가 되면
신분이 관계 없이
서로가 평등하며

마음이 내가 되면
모든 일 뜻을 따라
원만히 이뤄지고

마음이 내가 되면
걸림이 없는 그 삶
저절로 이뤄지네

아리랑 아리랑 아라리요
아리랑 고개를 넘어간다
청천 하늘엔 잔별도 많고
이내 가슴엔 희망도 많다

잘 사는 게 불법일세

1.
잘 사는 게 불법일세
우리 모두 관음보살 지장보살 생활 속에 모시면서
마음 비운 나날들로 바른 삶을 하노라면
불보살님 가피 속에 뜻 이뤄서 꽃을 피운
그런 날이 있을 걸세

2.
잘 사는 게 불법일세
우리 모두 관음보살 지장보살 생활 속에 모시면서
마음 비워 살아가며 시시때때 잊지 않고
참나 찾아 참구하는 그 정성도 함께하면
좋은 소식 있을 걸세

3.
잘 사는 게 불법일세
우리 모두 관음보살 지장보살 생활 속에 모시면서
틈틈으로 회광반조 사색으로 참나 깨쳐
화장세계 장엄하고 얼쉬얼쉬 어울리며
영원토록 웃고 사세

도서출판 문젠(Moonzen Press)의 책들

출간 도서

바로보인 전등록 전 5권
바로보인 무문관
바로보인 벽암록
바로보인 천부경·교화경·치화경
바로보인 금강경
세월을 북채로 세상을 북삼아
영원한 현실
바로보인 신심명
바로보인 환단고기 전 5권
바로보인 선문염송 전 30권
앞뜰에 국화꽃 곱고 북산에 첫눈 희다
바로보인 증도가
바로보인 반야심경
선을 묻는 그대에게 1·2
바로보인 선가귀감
바로보인 법융선사 심명
주머니 속의 심경
바로보인 법성게
달다 -전강 대선사 법어집
기우목동가
초발심자경문
방거사어록
실증설

하택신회대사 현종기
불조정맥 - 한·영·중 3개국어판
바른 불자가 됩시다
누구나 궁금한 33가지
108진참회문 - 한·영·중 3개국어판
달마의 일할도 허락지 않는다
마음대로 앉아 죽고 서서 죽고
화두 3개국어판 - 한·영·중
바로보인 간당론
완전한 우리말 불공예식법
바로보인 유마경
실증설 5개국어판 - 한·영·불·서·중
누구나 궁금한 33가지 3개국어판
 - 한·영·중
달마의 일할도 허락지 않는다
3개국어판 - 한·영·중
법성게 3개국어판 - 한·영·중
정법의 원류
바로보인 도가귀감
바로보인 유가귀감
화엄경 81권
바로보인 전등록 전 30권

출간예정 도서

바로보인 능엄경 제6권
바로보인 원각경
바로보인 육조단경
바로보인 대전화상주 심경
바로보인 위앙록
해동전등록 전 10권
말 밖의 말
언어의 향기
농선 대원 선사 선송집

진리와 과학의 만남
바로보인 5대 종교
금강경 야부송과 대원선사 토끼뿔
선재동자 참알 오십삼선지식
경봉선사 혜암선사 법을 들어 설하다
십현담 주해
불교대전
태고보우선사 어록

1. 바로보인 전등록 (전30권을 5권으로)

7불과 역대 조사의 말씀이 1,700공안으로 집대성되어 있는 선종 최고의 고전으로, 깨달음의 정수가 살아 숨쉬도록 새롭게 번역되었다.
464, 464, 472, 448, 432쪽.
각권 18,000원

2. 바로보인 무문관

황룡 무문 혜개 선사가 저술한 공안집으로 전등록, 선문염송, 벽암록 등과 함께 손꼽히는 선문의 명저이다. 본칙 48개와 무문 선사의 평창과 송, 여기에 역저자인 대원선사의 도움말과 시송으로 생명과 같은 선문의 진수를 맛보여 주고 있다.
272쪽. 12,000원

3. 바로보인 벽암록

설두 선사의 설두송고를 원오 극근 선사가 수행자에게 제창한 것이 벽암록이다.
이 책은 본칙과 설두 선사의 송, 대원선사의 도움말과 시송으로 이루어져, 벽암록을 오늘에 맞게 바로 보이고 있다.
456쪽. 15,000원

4. 바로보인 천부경

우리 민족 최고(最古)의 경전 천부경을 깨달음의 책으로 새롭게 바로 보였다. 이 책에는 81권의 화엄경을 81자에 함축한 듯한 천부경과, 교화경, 치화경의 내용이 함께 담겨 있으며, 역저자인 대원선사가 도움말, 토끼뿔, 거북털 등으로 손쉽게 닦아 증득하는 문을 열어 놓고 있다.
432쪽. 15,000원

5. 바로보인 금강경

대원선사의 『바로보인 금강경』은 국내 최초로 독창적인 과목을 내어 부처님과 수보리 존자의 대화 이면의 숨은 뜻을 드러내고, 자문과 시송으로 본문의 핵심을 꿰뚫어 밝혀, 금강경 전체를 손바닥 안의 겨자씨를 보듯 설파하고 있다.
488쪽. 15,000원

6. 세월을 북채로 세상을 북삼아

대원선사의 선시가 담긴 선시화집 『세월을 북채로 세상을 북삼아』는 선과 시와 그림이 정상에서 만나 어우러진 한바탕이다.
선의 세계를 누리는 불가사의한 일상의 노래, 법열의 환희로 취한 어깨춤과 같은 선시가 생생하고 눈부시게 내면의 소리로 흐른다.
180쪽. 15,000원

7. 영원한 현실

애매모호한 구석이 없이 밝고 명쾌하여, 너무도 분명함에 오히려 그 깊이를 헤아리기 어려운, 대원선사의 주옥같은 법문을 모아 놓은 법문집이다.
400쪽. 15,000원

8. 바로보인 신심명

신심명은 양끝을 들어 양끝을 쓸어버리는, 40대치법으로 이루어진, 3조 승찬 대사의 게송이다. 이를 대원선사가 바로 번역하는 것은 물론, 주해, 게송, 법문을 더해 통쾌하게 회통하고 자유자재 농한 것이 이 『바로보인 신심명』이다.
296쪽. 10,000원

9. 바로보인 환단고기 (전5권)

『바로보인 환단고기』 1권은 민족정신의 정수인 환단고기의 진리를 총정리하여 출간하였다. 2권에는 역사총론과 태초에서 배달국까지 역사가 실려 있으며, 3권은 단군조선, 4권은 북부여에서부터 고려까지의 역사가 실려 있다. 5권에는 역사를 증명하는 부록과 함께 환단고기 원문을 실었다. 344 · 368 · 264 · 352 · 344쪽. 각권 12,000원

10. 바로보인 선문염송 (전30권)

선문염송은 세계최대의 공안집이다. 전 공안을 망라하다시피 했기에 불조의 법 쓰는 바를 손바닥 들여다보듯 하지 않고는 제대로 번역할 수 없다. 대원선사는 전 공안을 바로 참구할 수 있게끔 번역하고 각 칙마다 일러보였다. 352 368 344 352 360 360 400 440 376 392 384 428 410 380 368 434 400 404 406 440 424 460 472 456 504 528 488 488 480 512쪽. 각권 15,000원

11. 앞뜰에 국화꽃 곱고 북산에 첫눈 희다

대원선사의 선문답집으로 전강 · 경봉 · 숭산 · 묵산 선사와의 명쾌한 문답을 실었으며, 중앙일보의 〈한국불교의 큰스님 선문답〉 열 분의 기사와 기자의 질문에 대한 대원선사의 별답을 함께 실었다.
200쪽. 5,000원

12. 바로보인 증도가

선종사에 사라지지 않을 발자취로 남은 영가 선사의 증도가를 대원선사가 번역하고 법문과 송을 더하였다.
자비의 방편인 증도가의 말씀을 하나하나 쳐가는 선사의 일갈이야말로 영가 선사의 본 의중과 일치하여 부합하는 것이라 아니할 수 없다.
376쪽. 10,000원

13. 바로보인 반야심경

이 시대의 야부(冶父)선사, 대원선사가 최초로 반야심경에 과목을 붙여 반야심경 내면에 흐르는 뜻을 밀밀하게 밝혀놓고 거침없는 송으로 들어보였다.
264쪽. 10,000원

14. 선(禪)을 묻는 그대에게 (전10권 중 2권)

대원선사의 선수행에 대한 문답집.
깨달아 사무친 경지에 대한 밀밀한 점검과, 오후보림에 대한 구체적인 수행법 제시와, 최초의 무명과 우주생성의 원리까지 낱낱이 설한 법문이 담겨 있다.
280쪽, 272쪽. 각권 15,000원

15. 바로보인 선가귀감

선가귀감은 깨닫고 닦아가는 비법이 고스란히 전수되어 있는 선가의 거울이라 할 만하다. 더욱이 바로보인 선가귀감은 매 소절마다 대원선사의 시송이 화살을 과녁에 적중시키듯 역대 조사와 서산대사의 의중을 꿰뚫어 보석처럼 빛나고 있다.
352쪽. 15,000원

16. 바로보인 법융선사 심명

심명 99절의 한 소절, 한 소절이 이름 그대로 마음에 새겨두어야 할 자비광명들이다.
이 심명은 언어와 문자이면서 언어와 문자를 초월한 일상을 영위하게 하는 주옥같은 법문이다.
278쪽. 12,000원

17. 주머니 속의 심경

반야심경은 부처님이 설하신 경 중에서도 절제된 경으로 으뜸가는 경이다. 대원선사의 선송(禪頌)도 그 뜻을 따라 간략하나 선의 풍미를 한껏 담고 있다. 하루에 한 소절씩을 읽고 참구한다면 선 수행의 지름길이 될 것이다.
 84쪽. 5,000원

18. 바로보인 법성게

법성게는 한마디로 화엄경의 핵심부를 온통 훤출히 드러내놓은 게송이다. 짧은 글 속에 일체의 법을 이렇게 통렬하게 담아놓은 법문도 드물 것이다.
이렇게 함축된 법성게 법문을 대원선사가 속속들이 밀밀하게 설해놓았다.
176쪽. 10,000원

19. 달다 - 전강 대선사 법어집

이제는 전설이 된 한국 근대선의 거목인 전강 선사님의 최상승법과 예리한 지혜, 선기로 넘쳤던 삶이 생생하게 담겨 있는 전강 대선사 법어집 〈달다〉!
전강 대선사님의 인가 제자인 대원선사가 전강 대선사님의 법거량과 법문, 일화를 재조명하여 보였다.
368쪽. 15,000원

20. 기우목동가

그 뜻이 심오하여 번역하기 어려웠던 말계 지은 선사의 기우목동가!
대원선사가 바른 뜻이 드러나도록 번역하고, 간결한 결문과 주옥같은 선송으로 다시 보였다.
 146쪽. 10,000원

21. 초발심자경문

이 초발심자경문은 한문을 새기는 힘인 문리를 터득하게 하기 위하여 일부러 의역하지 않고 직역하였다.
대원선사의 살아있는 수행지침도 실려 있다.
266쪽. 10,000원

22. 방거사어록

방거사어록은 선의 일상, 선의 누림을 보여주는 대표적인 선문이다. 역저자인 대원선사는 방거사어록의 문답을 '본연의 바탕에서 꽃피우는 일상의 함'이라 말하고 있다. 법의 흔적마저 없는 문답의 경지를 온전하게 드러내 놓은 번역과, 방거사와 호흡을 함께 하는 듯한 '토끼뿔'이 실려 있다.
306쪽. 15,000원

23. 실증설

이 책은 대원선사가 2010년 2월 14일 구정을 맞이하여 불자들에게 불법의 참뜻을 보이기 위해 홀연히 펜을 들어 일시에 써내려간 법문을 모태로 하였다. 실증한 이가 아니고는 설파할 수 없는 성품의 이치를 자문자답과 사제간의 문답을 통해 1, 2, 3부로 나눠 실증하여 보이고 있다.
224쪽. 10,000원

24. 하택신회대사 현종기

육조대사의 법이 중국천하에 우뚝하도록 한 장본인, 하택신회대사의 현종기. 세간에 지해종도(知解宗徒)로 알려져 있는 편견을 불식시키는 뛰어난 깨달음의 경지가 여기에 담겨있다. 대원선사가 하택신회대사의 실경지를 드러내고 바로보임으로써 빛냈다.
232쪽. 10,000원

25. 불조정맥 - 韓·英·中 3개국어판

석가모니불로부터 현 78대에 이르기까지 불조정맥진영(佛祖正脈眞影)과 정맥전법게(正脈傳法偈)를 온전하게 갖춘 최초의 불조정맥서. 대원선사가 다년간 수집, 정리하여 기도와 관조 끝에 완성한 『불조정맥』을 3개국어로 완역하였다.
216쪽. 20,000원

26. 바른 불자가 됩시다

참된 발심을 하여 바른 신앙, 바른 수행을 하고자 해도, 그 기준을 알지 못해 방황하는 불자님들을 위해 불법의 바른 길잡이 역할을 하도록 대원선사가 집필하여 출간하였다.
162쪽. 10,000원

27. 누구나 궁금한 33가지

21세기의 인류를 위해 모든 이들이 가장 어렵고 궁금해 하는 문제, 삶과 죽음, 종교와 진리에 대한 바른 지표를 제시하고자 대원선사가 집필하여 출간하였다.
180쪽. 10,000원

28. 108진참회문 - 韓·英·中 3개국어판

전생의 모든 악연들이 사라져 장애가 없어지고, 소망하는 삶을 살게 하기 위해 대원선사가 10계를 위주로 구성한 108 항목의 참회문이다. 한 대목마다 1배를 하여 108배를 실천할 것을 권한다.
170쪽. 15,000원

29. 달마의 일할도 허락지 않는다

대원선사의 짧고 명쾌한 법문집.
책을 잡는 순간 달마의 일할도 허락지 않는 선기와 맞닥뜨리게 될 것이다. 때로는 하늘을 찌를 듯한 기세와, 때로는 흔적 없는 공기와도 같은 향기를 일별하기를…
190쪽. 10,000원

30. 마음대로 앉아 죽고 서서 죽고

생사를 자재한 분들의 앉아서 열반하고 서서 열반한 내력은 물론 그분들의 생애와 법까지 일목요연하게 수록해놓았다.
446쪽. 15,000원

31. 화두 3개국어판 - 韓·英·中

『화두』는 대원선사의 평생 선문답의 결정판이다. 생생하게 살아있는 선(禪)을 한·영·중 3개국어로 만날 수 있다. 특히 대원선사의 짧은 일대기가 실려 있어 그 선풍을 음미하는 데에 큰 도움을 주고 있다.
440쪽. 15,000원

32. 바로보인 간당론

법문하는 이가 법리를 모르고 주장자를 치는 것을 눈먼 주장자라 한다. 법좌에 올라 주장자 쓰는 이들을 위해서 대원선사가 간당론에서 선리(禪理)만을 취하여 『바로보인 간당론』을 출간하였다.
218쪽. 20,000원

33. 완전한 우리말 불공예식법

부처님께 공양을 올리고 불보살님의 가피를 구하는 예법 등을 총칭하여 불공예식법이라 한다. 대원선사가 이러한 불공예식의 본뜻을 살려서 완전한 우리말본 불공예식법을 출간하였다.
456쪽. 38,000원

34. 바로보인 유마경

유마경은 불법의 최정점을 찍는 경전이라 할 것이니, 불보살님이 교화하는 경지에서의 깨달음의 실경과 신통자재한 방편행을 보여주는 최상승 경전이다. 대원선사가 〈대원선사 토끼뿔〉로 이 유마경에 걸맞는 최상승법을 이 시대에 다시금 드날렸다.
568쪽. 20,000원

35. 실증설
5개국어판 - 韓·英·佛·西·中

대원선사가 불법의 참뜻을 보이기 위해 홀연히 펜을 들어 일시에 써내려간 실증설! 실증한 이가 아니고는 설파할 수 없는 도리로 가득한 이 책이 드디어 영어, 불어, 스페인어, 중국어를 더하여 5개국어로 편찬되었다.
860쪽. 25,000원

36. 누구나 궁금한 33가지
3개국어판 - 韓·英·中

누구라도 풀어야 할 숙제인 33가지의 의문에 대한 답을 21세기의 현대인에게 맞는 비유와 언어로 되살린 『누구나 궁금한 33가지』가 한글, 영어, 중국어 3개국어로 출간되었다.
408쪽. 15,000원

37. 달마의 일할도 허락지 않는다
3개국어판 - 韓·英·中

대원선사의 짧고 명쾌한 법문집인 『달마의 일할도 허락지 않는다』가 한글, 영어, 중국어 3개국어로 출간되었다. 전세계에서 유일하게 활선의 가풍이 이어지고 있는 한국, 그 가운데에서도 불조의 정맥을 이은 대원선사가 살활자재한 법문을 세계로 전하고 있는 책이다.
308쪽. 15,000원

38. 화엄경 (전81권)

대원선사는 선문염송 30권, 전등록 30권을 모두 역해하여 세계 최초로 1,463칙 전 공안에 착어하였다. 이러한 안목으로 대천세계를 손바닥의 겨자씨 들여다보듯 하신 불보살님들의 지혜와 신통으로 누리는 불가사의한 화엄세계를 열어 보였다.
220쪽. 각권 15,000원

39. 법성게 3개국어판 - 韓·英·中

법성게는 한마디로 화엄경의 핵심부를 훤출히 드러내놓은 게송으로 짧은 글 속에 일체 법을 고스란히 담아놓았다. 대원선사의 통쾌한 법성게 법문이 한영중 3개국어로 출간되었다.
376쪽. 15,000원

40. 정법의 원류

『정법의 원류』는 불조정맥을 이은 정맥선원의 소개서이다. 정맥선원은 불조정맥 제77조 조계종 전강 대선사의 인가 제자인 대원 전법선사가 주재하는 도량이다. 『정법의 원류』를 통해 정맥선원 대원선사의 정맥을 이은 법과 지도방편을 만날 수 있다.
444쪽. 20,000원

41. 바로보인 도가귀감

도가귀감은, 온통인 마음[一物]을 밝혀 회복함으로써, 생사를 비롯한 모든 아픔과 고를 여의어, 뜻과 같이 누려서 살게 하고자 한 도교의 뜻을, 서산대사가 밝혀놓은 책이다. 대원선사가 부록으로 도덕경의 중대한 대목을 더하고, 그 대목대목마다 결문(決文)하였다.
218쪽. 12,000원

42. 바로보인 유가귀감

유가귀감은 서산대사가 간추려놓은 구절로서, 간결하지만 심오하기 그지없으니, 간략한 구절 속에서 유교사상을 미루어볼 수 있게 하였다. 대원선사가 그 뜻이 잘 드러나게 번역하고 그 대목대목마다 결문(決文)하였다.
236쪽. 15,000원

43. 바로보인 전등록 (전30권)

7불로부터 52세대까지 1,701명 선지식의 깨달음의 진수가 담긴 전등록 30권에 농선 대원 선사가 선리(禪理)의 토끼뿔을 더해 닦아 증득하는데 도움이 되도록 하였다.
288쪽. 각권 15,000원

농선 대원 선사 법문 mp3 주문 판매

* 천부경 : 15,000원
* 신심명 : 30,000원
* 현종기 : 65,000원
* 기우목동가 : 75,000원
* 반야심경 : 1회당 5,000원 (총 32회)
* 선가귀감 : 1회당 5,000원 (총 80회)

* 금강경 : 40,000원
* 법성게 : 10,000원
* 법융선사 심명 : 100,000원

농선 대원 선사 작사 CD 주문 판매

* 가슴으로 부르는 불심의 노래 1, 2, 3집
  각 : 1만 5천원
* 유튜브에서 채널 구독하시고 무료로 찬불가 앨범을 감상하세요

주문 문의 ☎ 031-534-3373

유튜브에서 채널 구독하시고
무료로 찬불가 앨범을 감상하세요

유튜브에서 MOONZEN을 검색하시거나
아래의 주소로 접속해주세요

http://www.youtube.com/user/officialMOONZEN